60歳の地図

「振り返り」が人生に贈り物をもたらす

榎本博明

草思社

序にかえて　あなたの人生にも物語がある

若い頃に60歳と聞くと、もう人生の終着駅を間近にしたご隠居さんといったイメージを持っていたのではないでしょうか。でも、自分がいざ60歳になってみると、あるいは60歳を目前にしてみると、自分がそんな年齢になっているといった実感がなく、とまどいを覚えるものです。

さすがに自分が若い頃と変わらないと思っている人は少ないでしょうが、まだまだ人生の中盤を生きているつもりだったのに、いつの間にかこんなところまで来てしまっていることを改めて意識すると、これからどう生きていくのがよいのか、考え込んでしまう。それが多くの人の現実だと思います。

それには寿命の延びによる超高齢社会の到来ということの影響もあるでしょう。人生100年時代といわれたりしますが、それはちょっと大げさな感じがするものの、今や平均寿命が男女とも80歳を超えており、もはや60歳以上を余生とみなすわけにはいきません。60歳から80歳まで20年もあり、それは生まれてから成人するまでの期間に相当します。そこにはまた紆余曲折の豊かな人生が展開されていくはずです。

そうした時代背景もあって、かつては50代で引退していたのが、60歳が引退の年になり、最近では定年延長が当たり前のようになって、60代後半で働いている人も珍しくありません。

だからこそ、65歳から公的に高齢者に区分されると頭ではわかっていても、自分が高齢者になっている、あるいはもうすぐ高齢者になるという実感が湧かない人が多いのも、当然のことといえます。

これからまだ20年、いわば生まれてから成人するまでくらいの年月が続く可能性があると思えば、余生などと言っていい加減に過ごさずに、自分らしい人生、納得のいく人生にしていきたいと思うのももっともなことでしょう。

では、どうしたらよいのか。

そこで大切なのは、これまでの人生を振り返ってみることです。自分らしく生きるためのヒントは、これまでの人生の軌跡に刻まれているはずです。仕事一途に生きてきた人も、子どもをはじめ家族の世話に必死になって生きてきた人も、過去をじっくり振り返る気持ちの余裕はなかったかと思いますが、そろそろ振り返る時期がきたのではないでしょうか。

自伝というと著名人のものと思われがちですが、私たちはみな自叙伝を記すようにして日々を生きています。自分の人生史が記されている記憶を自伝的記憶と言います。そこには幼い頃の出来事や思い、青春時代の出来事や思い、働き盛りの頃の出来事や思いが刻まれています。心温まる懐かしい出来事もあれば、悔やんでも悔やみ切れない出来事もあるでしょう。感謝の気持ちでいっぱいになる出来事もあれば、悔しくてたまらない出来事もあるでしょう。有頂天になることもあれば、どん底な気分に落ち込むこともあったかもしれません。幸福感に満ちた時期もあれば、悩みや悲しみに押し潰されそうな時期もあったかもしれません。

自伝的記憶を繙《ひもと》いてみれば、物心ついてから今までのあらゆる出来事やそれにまつわる思いが蘇ってきます。そこには、個々バラバラな記憶の断片があるのではなく、「あの出来事が後々のこの出来事につながっている」「あのときの経験がその後のこうした行動傾向につながっている」といった感じで、因果の連鎖があり、自分らしさの片鱗がちりばめられています。言わばだれもが自分の物語を生きているのです。

では、自分はどんな物語を生きているのか。その物語の中で、これからどう生きていくのがよいのか。過去を振り返りながら考えてみましょう。

序にかえて　あなたの人生にも物語がある／002

第1章

60歳、今こそこれまでの人生を振り返ってみよう

人生の半分以上を過ごしてきて思うこと／012
これからの人生に対する不安や期待／014
60歳前後は人生の大きな転機／018
今こそこれまでの人生を振り返ってみよう／045
転機となった出来事を可視化してみる／055

第2章

自分はいったいどんな人生を送ってきたのか

自分の人生と向き合うために／082
懐かしく思い出される人／083
懐かしく思い出される場所／085
懐かしく思い出されるモノ／086
懐かしく思い出される出来事／089
幼い頃の自分に出会ってみよう／091
思春期・青年期の自分に出会ってみよう／102
成人前期や中年期の自分に出会ってみよう／119
自分らしさは具体的な出来事やそれにまつわる思いの中にある／129

第3章

人に語ることで新たな方向性が見えてくる

悩むときだれかに話したくなるのはなぜか／138
語ることで心の中が整理され、新たな方向性が見えてくる／142
過去を共有できる友だちとの語り合い／147
人に語ることでモヤモヤした思いが形をとってくる／150
じっくり耳を傾けてくれる相手の大切さ／157
聞き手によって語り口が左右される／163
よい聞き手が自己洞察をもたらしてくれる／165
視点の違いが新たな洞察につながる／167
だれかに語ることで独りよがりの自己物語から脱することができる／171

第4章

過去をどう意味づけるかで、これからの人生が違ってくる

過去を悔やむ人、過去を肯定的に受け止めている人／178
未来は過去の意味づけを基につくられていく／180
事実の世界と意味の世界／183
経験の意味づけの仕方にはクセがある／185
過去は変えることができる／189
ネガティブな意味づけは人生を受け入れがたくする／194
ネガティブな出来事にもポジティブな意味づけを／197

第5章

60歳からは納得のいく人生にしていこう

人は生涯にわたって発達していく／202
これまでの人生を改めて振り返ってみよう／206
年を重ねることで人生の受容が進む／210
過去へのとらわれを解き放つ／214
過去と向き合うことが生き直すきっかけになる／216
「今、ここ」からどこに向かっていくべきか／219
思いがけない出来事も前向きに生かす／224

おわりに／234

第1章

60歳、今こそこれまでの人生を振り返ってみよう

人生の半分以上を過ごしてきて思うこと

自分の人生は何歳まで続くのか。それはだれにもわかりません。厚生労働省の「簡易生命表（令和5年）」によると、2023（令和5）年の日本人の平均寿命は男性が81・09歳、女性が87・14歳となっていますが、それはあくまでも日本人男性および女性全体の目安にすぎません。平均をはるかに超えて長生きする人もいれば、平均よりずっと短命に終わる人もいます。

でも、ほぼ確実なことは、60歳であれば人生の半分以上を過ごしてきているということです。そこでこれまでの人生を振り返ると、紆余曲折の人生を送ってきたことに気づき、よくここまでたどり着いたなあと感慨深いものがあるはずです。

働き盛りの30代や40代の頃を振り返って、「きつくて大変だったなあ、もう嫌だと思うこともあったけれど、よく逃げ出さずに頑張れたものだ」と、当時の自分に感心する人もいるでしょう。あるいは、「きつさのあまり逃げ出したけど、あのとき耐えることができたら、もっと別の人生になっていたんだろうなあ、でもどちらがよかったのだろうか」と判断に悩む人もいるかもしれません。

青春時代には受験があったり、親友との語り合いがあったり、恋愛や失恋を経験したり、進路に悩んだり、もっと大きな枠組みで生き方に悩んだりと、その後の生き方に影響を与える経験がたくさんあったはずです。そんな青春時代を振り返ると、傷ついたり悩んだりしたけれど、今思えばほんとうに楽しかったという思いが込み上げてくるものです。中にはあんな苦しい時代に戻りたくないという人もいるでしょうが、あの頃に戻りたいという思いに駆られる人のほうが多いのではないでしょうか。

子どもの頃は、だれにとってもとても懐かしいもの。当時の写真をアルバムで見ていると、自分にもこんな時期があったんだと不思議に思ったりするでしょう。幼い子を見て、なんの悩みもない平和な世界を生きていて羨ましいなあと思うこともあるかもしれませんが、幼い子どもたちもけっしてメルヘンのような世界を生きているわけではありません。自分の幼稚園時代や小学校時代を思い起こせば、幼いなりに深刻な悩みがあったり、苦しい思いをしたことがあったりしたことに気づくでしょう。子どもも、幼いなりに厳しい現実を必死に生きているのです。

そんなことを踏まえて、これまでの人生を振り返り、しばらく感慨に浸ってみるのもよいでしょう。ここはまだ導入部なので、あとで改めてしっかり振り返ってもらいたいと思いますが、まずはちょっと回想を試みてください。

これからの人生に対する不安や期待

今度はこの先に思いをめぐらせてみましょう。

60歳からの人生をどう生きるか。それは重大な問題でしょう。

一般に60代以降は喪失の時期と言われます。長年通ってきた職場から離れる。職業にしろ、家族の世話にしろ、これまで担ってきた役割を失う。体力の衰えを感じる。記憶力の減退を感じる。学生時代や職場の先輩だった人の訃報を受け取ることもある。そのような意味において、60代は喪失の時期とされるわけです。

60歳を目前にして、こうした喪失を想定し、不安な思いを口にする人が少なくありません。

たとえば、「これまで40年ほど仕事をしてきたし、転勤や転職で職場は変わったものの毎日のように通う場所があったのに、やるべき仕事も通う場所もないなんて、まるで必要のない存在になるみたいだ。無性に淋しくなるし、なんだか虚しい」という人がいます。会社員生活に馴染んできた人は、そうした思いが強いと思います。

平日も家で過ごすと思うとゾッとするし、家で過ごす自分を想像できないという人もいます。家に居場所がない感じがして、休日も極力外出していたという男性などは、「退職後に家でのんびり楽しく過ごすなんてあり得ない」と言います。逆に、「夫が退職後に家にずっといるなんて耐えられないから、自分は外に居場所をつくらないと、と思っている」という女性もいます。

仕事一途で来た人の場合は、引退後の生活への不安はとくに強いはずです。「定年退職後は好きに過ごしていいんだよと言われても、何をして過ごしたらいいのかわからないし、仕事ばかりしてきて無趣味な自分が、今さら趣味を持てと言われてもどうしたらよいのかわからないし、とまどうばかりだ」と言う人もいます。

仕事を引退しても、なんの役割もないのは物足りないから、稼ぐために必死になる必要はないので、ボランティアでもいいから社会とつながっていたいが、適当なものが見当たらず焦るという人もいるでしょう。

認知症を心配する年ではないものの、記憶力の衰えを実感することがあり、これまで当たり前のようにできていたことができなくなっていくかもしれないと思うと、不安で仕方がないという人もいるでしょう。

この先の人生に対して不安を感じると同時に、期待を寄せる面もあるのではないでしょうか。これまで仕事にしろ家族の世話にしろ、やるべきことに縛られ、自由にならないことが多かったはずです。そんな役割から解放されるわけです。

たとえば、これまで必死に働いてきたのだし、これからはのんびり過ごすのもいいかもしれない、それが許されるのだからという人もいます。もういい加減のんびりしてもいいだろうというわけです。

社会的役割は十分果たしてきたと思うし、これからは好きなことをして楽しむ時間ができると思うとうれしくてたまらないというように、役割喪失を役割からの解放として前向きにとらえる人もいます。

これからは家族のために稼ぐ役割から解放されるので、これまで我慢してきた「ほんとうにやりたかった仕事」にチャレンジしてみたいという人もいます。家族の生活が自分の収入にかかっていると思えば、十分な稼ぎにつながるかどうかわからない転職などできなかったでしょうけれど、そうした肩の重荷がなくなれば、稼ぎよりもやりたいこと重視で生活を変えることができます。

社会的な縛りがなくなるこれからの時期は、第二の青春時代になるかもしれません。自由が手に入るので、「今からワクワクしています」と、非常に前向きになる人もいます。やるべきことが決まっていないということで不安になる面もありますが、それは逆に何をしてもいい自由が手に入ったということでもあります。そんな状況は青年期以来だと受けとめる人もいるのではないでしょうか。

そうかと思えば、人生１００年時代といわれ、まだまだ若い人たちに負けないと思うし、引退せずに再雇用とかで仕事を続けていこうと思うという人もいます。

あなたはどのような不安や期待を抱いているでしょうか。

60歳前後は人生の大きな転機

定年退職や子どもたちの独立によって生活に大きな変化が生じる60歳前後は、人生の大きな転機となります。これまで担ってきた役割から解放されるため、これまでの生活構造のまま進むことはできません。そこで、生活構造の組み替えが必要となります。どう生きるかが問題になります。

職業的役割からの解放、子どもへの心配からの解放（職業の安定や結婚など）により、社会的役割から解放され、自分のための時間を思い切り生きられるようになる。ただし、これまで役割に縛られて暮らしてきたために、どうしたらよいかわからない。そんな心理状況になりがちです。

今の生活を見直し、新たな生活構造を模索する。それは、大人の世界にどのように入っていくか、そのために生活をどのように変えなければならないかを検討する青年期や、このまま突っ走って後悔しないだろうか、今の生活にほんとうに納得できているだろうか、生活を変えるなら今のうちだ、といった心の声が聞こえてくる中年期と同じような心理状況といってよいでしょう。

いわゆるアイデンティティーをめぐる問いが活性化します。

「これから何をして暮らしていったらいいのだろう?」

「自由な時間をいったい何に使ったらいいのだろう?」

「これまでの人生に自分は納得できているのだろうか?」

「これからの人生はもっと自分らしく生きることができるだろうか?」

「後悔のない人生を全うするには、どうしたらいいのだろう?」

「自分らしい人生にしていくには、どうしたらいいのだろう?」

「自分はいったいどうしたいのだろう?」

このような問いが脳裡を駆けめぐるようになります。

そうした葛藤を踏まえて新たな一歩を踏み出し、納得のいく生活構造を打ち立てることに成功する人もいますが、どうしたらよいかわからず途方に暮れたまま停滞してしまう人もいます。

社会的役割を担っているうちは、すべきことに日々追われているため、ほぼ自動的に暮らすことができます。でも、すべきことがない、通うべき場所もない、数十年ぶりに自由が手に入る……そうした状況で身動きが取れなくなってしまうのです。

自由になるということを前向きにとらえられればよいのですが、これまではすべきことに追われ、「今の生活に自分は心から納得しているのだろうか」「自分はどう生きるべきなのだろうか」などとじっくり考えることがなかったため、改めてどう生きるかなどという問いを突きつけられて途方に暮れ、自由の重荷を耐え難く感じてしまうのでしょう。

そのような転機を前にした人や転機を乗り越えた人はどんな感じなのでしょうか。実際の声を聞いてみましょう。

まずは、定年退職後の親を見て感じたこと、思ったことについて語る中高年世代の声を聞いてみましょう（著者調査による）。

会社員としての自分から家庭人としての自分への切り替えができない定年後の父親

〈40代男性　山岸さん（仮名）〉

60歳で定年退職した父を見ていると、若い頃から何十年も仕事をし続けてきた人が定年退職するというのは、人生上の大きな危機なんだと思います。父は、定年退職で職場を離れたのに、家で過ごしていても、まるで職場にいるかのような態度がまったく抜けないんです。母に対しても、まるで職場の部下のような扱いで、ああしろこうしろと命令し、思うように動いてくれないと怒り出す。父が定年退職してから、母はとても大変だったと思います。あるとき母がついに反乱を起こして、父の言うことを聞かなくなりました。父が文句を言っても怒鳴っても無視して、聞き流すようになりました。それは当然だと思います。むしろそれまでよく耐えたものだと思います。

文句ばかり言っていた父も、母を部下のようには扱えないとようやく気づいたのか、外に目を向けるようになっていきました。でも、近所づき合いもなく、かつての仕事仲間も徐々に亡くなり、出かけても散歩して回ったり、喫茶店で新聞を読むくらいしかやることがないみたいです。

「趣味の会などコミュニティーでいろいろやっているし、カルチャーセンターみたいなところでもいろいろな講座があるし、行ってみたらどう?」と勧めるのですが、今さらそんなところに行けるかと言って、結局自分の居場所が見つからず、イライラして不機嫌に暮らしています。

そんな父の姿を見ていると、やはり、40代、遅くても50代くらいから、家族とのコミュニケーションをしっかり取り、近所づき合いや地域の集まりやボランティア活動などに参加したりして、職場以外の居場所をつくっておくべきだと痛感します。

定年後も生き方を変えることができなかった母親

〈40代女性　藤川さん(仮名)〉

私の母は、当時（1970年代）にしては珍しく、成人してからずっと仕事一筋の人生を生き抜いた人でした。それは、私が生まれてからも変わりませんでした。

キャリアウーマンとして、女性ながら管理職にまで昇進した母は、家庭のことは一切祖母に任せっきりで、私も祖母に育てられました。子どもの頃、母がいつも身近にいないため、淋しい思いをしましたし、自分が親になったら子どもにこんな淋しい思いはさせたくないと思いました。そんな母を恨んだこともありました。家族に煩わされたくないのなら、なんで子どもを産んだのだ、産まなければよかったのに、とまで思ったことさえありました。

それほどまでに仕事一筋に生きた母は、まさに自分のための人生をひたすら突っ走って生きてきた人でした。

母は、定年退職後もさらに再雇用で働き、65歳でようやく家族と一緒の生活になったのですが、それがストレスだったのか、60代の終わり頃に、突然家を出ると言い出したのです。残りの人生は自分のために生きたいのだと言います。父も私もびっくりでした。でも、あの母だからと心のどこかで納得していました。ただ、母に言いたかったのは、残りの人生だけでなく、ずっと自分のための人生を生きてきたじゃないのということです。

そして母は自立型老人マンションに引っ越していきました。人と共に生きるというより、自分のために生きるのが合っている人だったのだと思います。かつて仕事に向けていたエネルギーを趣味に向けて、趣味人生を思い切り楽しんでいる様子です。

これらの事例に見られるように、定年後の第二の人生に向けて生活を組み替えるというのは、そう簡単にはいかないようです。かなり前からの準備や覚悟が求められるといったこともあるでしょう。この女性の母親の場合は、第二の人生にどうにも馴染めず、以前の生き方を貫くことになった事例といえます。

でも、中には第二の人生にスムーズに移行していく人もいます。

第二の人生に颯爽と乗り出した父親

〈50代男性　松本さん（仮名）〉

私の父は、働き盛りの頃は仕事人間でした。子どもの頃、近所の友だちは夕方や休日に父親とキャッチボールをしたり、一緒に公園に出かけてサッカーをしたりして、楽しそうに遊んでいましたが、私の父は帰りも遅いし、休日も出勤することが多く、父と遊んだ記憶はほとんどありません。

そんな仕事人間だった父ですが、50歳の頃から、突然趣味の世界を持つようになりました。わりと立派なカメラを買ってきて、土・日は写真関係の本や雑誌を読んだり、カメラを持って出かけるようになりました。自分で写した写真を母に自慢げに見せることもあったようです。

60歳で定年退職する頃には、写真撮影は本格的な趣味になっていて、雑誌にも投稿しているようでした。定年後はたっぷり時間があるので、働いてためたお金を使って撮影旅行に出かけるようにもなりました。

写真の腕をますます磨いた父は、今では町内会の撮影係をやったり、町の広報の写真ボランティアをやったりして、写真撮影という趣味を軸に社会ともつながり、イキイキと動き回っています。

それを見ていると、自分も定年後に趣味で第二の人生を生きられるようになりたいと思うのですが、何をしたらいいのか、まだわかりません。今の趣味はフットサルなのですが、体力勝負のところがあるのでこの先ずっと続けられるとも思えないし、生涯続けられる趣味はなんだろうと迷っています。いずれにしても、何か打ち込めることを探し、仕事を引退しても、張り合いのある毎日を送りたいと思います。

再就職せずに趣味に打ち込もうとしたが、すぐに病気になってしまった父親

〈40代男性　白石さん（仮名）〉

父は、在職中は典型的な仕事人間で、毎日のように残業や仕事上のつき合いで帰りが遅く、休日もゴルフなどのつき合いで家族と過ごすことはあまりありませんでした。

仕事で結果も出していたようで、順調に出世していました。仕事人間の自分の父親に対して、家族をないがしろにしていると文句を言う友だちもいましたが、私の場合は子どもの頃から父が家にいないのは当たり前だったので、とくに不満に思うこともなかったし、それが普通と思っていました。

そんな父だったので、満足のいく会社生活を送っていたはずなのですが、定年を迎える頃、再就職の話があったのに、なぜか断ってしまいました。同じ会社の再雇用も断りました。

母と話しているのが聞こえてきたのですが、定年後は好きな趣味に打ち込みたいから、もう仕事から離れたいということのようでした。

当然60歳以降も仕事を続けると思っていたので、あんなに仕事人間の父の心の中に、そんな思いがあったなんて、ほんとうに驚きでした。それまで趣味の話など聞いたことがありません。青天の霹靂《へきれき》でした。

できる人はなんでもできると言いますが、ひたすら仕事をして成果も出してきた父なら、新たに始める趣味もすぐにマスターして、本領を発揮するのかもしれないと思ったりもしました。

ところが、定年後、趣味に乗り出してまもなく病気になり、思うように動き回れなくなり、こんなはずではなかったという日々を送ることを余儀なくされました。

そんな父を見ていると、「家族を養うために趣味にも目を向けず仕事をしてくれていたけど、ほんとうは別にやりたいことがあったのだな」と思い、自分の場合はそれはなんだろうと考えるようになりました。

また、定年退職後に好きなことをして暮らすには、体力も必要だし、健康には今から十分気をつけておかなければと強く思うようになりました。

こうした事例を見ると、仕事に追われる人生から第二の人生への移行の成否は、趣味の世界を持っているかどうか、あるいは仕事から解放されたら打ち込みたいと思う世界への憧れがあるかどうかによるといえそうです。ただし、第二の人生を充実させ楽しむには健康である必要があります。ゆえに、定年前から健康管理には気をつけたいものです。

定年退職後によく問題になるのは夫婦関係です。在職中は昼間一緒にいることがほとんどなかった夫婦が、逆にほぼ毎日一緒にいるようになるわけです。心地よく一緒に過ごすには、関係性の修復やメンテナンスが必要となります。

定年退職後に夫婦仲よく出かけるようになった両親

〈30代女性　田山さん（仮名）〉

父は、平日は残業がなくても帰りに同僚と飲みに行ったり、一人で行きつけの店で飲んできたりするので、私がまだ家にいた頃も、ほぼ毎日私たちが夕食を済ませた後に帰ってきました。だから、もう私たち子どもは独立して家を出ているし、定年退職後、両親はどんなふうに過ごすのか、ちょっと心配でした。

ところが、母によれば、父は定年退職後に外に飲みに行くことは滅多になく、母を外食に連れ出したり、飲みに連れて行ったりするようになったというのです。その際に父が、「これまでのように元の部下を誘えば、忙しくない日はつき合ってくれるだろうけど、嫌々つき合ってもらうのもつまらないし、昔の同僚を誘えば向こうも暇だから出てくると思うけど、向こうの奥さんは面白くないだろうし、これからは夫婦で楽しむのが一番だと思う」と言ったというのです。

あの父がそんなことを言うのかと意外でした。でも、安心しました。父は、元同僚を誘うと向こうの奥さんは面白くないだろうと思っているようですが、世間では定年退職後に夫に家に居られるのは困るとか、一緒に出かける気がしないなどという妻も多いと聞くし、向こうの奥さんは夫を誘ってくれたほうが助かると思っているかもしれないですよね。うちの両親は、お互いに一緒に過ごしたいと思う夫婦でよかったと思いました。

夫婦で食事に出かけたり、父の行きつけだった店に一緒に飲みに行ったりするだけでなく、二人で旅行にも出かけるようになり、父の変貌ぶりに母も満足そうです。
そんな両親を見ていると、60歳以降にとくに重要となるのが夫婦関係で、それが良好な場合とそうではない場合とでは、幸福度がずいぶん違ってくるのではないかと思います。私の場合は、まだまだ先のことですが、今は夫も私も仕事が忙しくて一緒に出かけたりする余裕はあまりありませんが、このことを念頭に置いて、引退後に夫婦仲よく一緒に楽しめるように、気持ちを通い合わせておかなくちゃと思います。

つぎに、60歳を目前にした人の思いを聞いてみましょう。

過去の栄光にすがりつかずにいられない引退後の先輩たち

〈50代男性　重岡さん（仮名）〉

仕事から退いた先輩たちと会うと、昔の武勇伝を繰り返したり、家庭での扱いについての愚痴をこぼしたりするばかりで、なんだかうんざりします。

お世話になった先輩たちだし、定期的に集まって飲みながら歓談する会にはこれからも参加するつもりではいますけれど、まあ浮世の義理ってやつですね。

かつてはバリバリ仕事をこなす優秀な先輩で、尊敬できる人たちだったのに、当時のような輝きがなく、人間的魅力が失われているように感じます。昔の栄光にすがりつかずにいられないほど、今の自分が惨めなのかな、なんて勘ぐってしまいます。

会社にいた頃は、組織にとってなくてはならない存在だっただけに、きっと自分はもう必要とされない存在になってしまったと思い、自暴自棄になっているのではないかと感じます。

だれでも自分が必要とされていたい、だれかの役に立っていたいという思いがあるんですよね。それなのに、先輩たちの愚痴を聞いていると、家では邪魔者みたいな扱いで、まったく必要のない人になっているようで、そんな今の自分に満足できず、ストレスをため込んでいるのではないでしょうか。

そんな姿を見ていると、ああはなりたくないと思うし、そのためにはどうしたらいいのか、すぐには答えが見つからず、ちょっと不安になってしまいます。

この事例の先輩たちのように、定年退職後に自分は必要のない存在になってしまったかのように感じ、過去の栄光にすがろうとして自慢話をしたり、自暴自棄になり愚痴をこぼしたりして、見苦しい姿をさらしてしまう人を見るにつけ、あんなふうにはなりたくない、でもどうしたら自尊心を保てるのだろうか、といった迷いを抱える人も少なくないようです。

つぎの事例は、そんな定年退職前の配偶者の気持ちを思いやることの大切さを教えてくれます。

定年退職を迎える配偶者の気持ちに配慮

〈50代女性　中西さん（仮名）〉

私たち夫婦は、ずっと共働きでやってきましたが、まもなく夫は定年退職を迎えます。自分が定年退職するのはまだ10年ほど先になりますが、夫には定年後も、同じ会社の再雇用でも別の会社への再就職でもいいから働いてほしいということくらいしか考えず、夫の気持ちをその立場に立って考えることはありませんでした。

ところが先日、職場の上司が定年を迎えたのですが、「ご主人もまもなく定年を迎えるでしょ。会社の中で地位を得て、仕事に力を注いできた人が職場を去るに当たっては、さまざまな葛藤があるものなんですよ。会社に残るにしても、今までのような立場では働けないし、元の上司がいるのでは他の人もやりにくくなる。私の場合は、そう考えて辞めることにしました。ご主人もいろいろ葛藤があると思いますよ」と言葉をかけてくれました。

そのとき初めて夫の気持ちを想像しました。40年も職場に通い続けてきて、それは物心ついてからの人生の大半を占めるので、そこを去るというのは、とても淋しいことだろうなと気づきました。そんな夫の気持ちを考えもせずに、「ただ定年後も働いてほしいと思っていた私は、なんて身勝手なんだ」と反省しました。

いずれ自分も定年退職を迎えるのですが、そのときは夫に気持ちをわかってほしいし、この先も夫婦で一緒に仲よく生きていけるように、夫の立場を尊重し、理解してあげなければと思っています。60代以降、どこまで生きられるかわかりませんが、定年退職後の日々を楽しく過ごすには、家庭の居心地がよくないといけないし、それには夫婦仲がよいことが基本だと思います。

定年退職後は、夫婦はどうしても一緒にいる時間が長くなるので、こうしたお互いの思いやりによって、関係性を良好に保っておく努力が欠かせません。そうすることで家庭の居場所の大切さが高まっていきます。

衰えていく面より人生経験の豊かさに目を向けると勇気が湧いてくる

〈50代女性　宮原さん（仮名）〉

私は50代の半ばを過ぎましたけれど、同年代の人と話すと、この先を悲観するようなことを口にする人がよくいます。でも、私はけっして悲観はしていません。楽観的過ぎると言われるかもしれませんが、長く生きてきていることのメリットもあると思うからです。

年を取るにつれて体力や記憶力が衰えたりするのは避けられないかもしれませんが、その代わりに人生経験は若い頃よりはるかに豊かになっているはずです。

周囲の同年代の人たちは、女性だからということもあるかもしれませんけど、容姿・容貌の衰えを気にして嘆き、外見を若く保つ通販の商品をよく話題にしています。でも、外見をいくら気にしても、その衰えは止められないし、ある程度の年になったら内面の成熟面に目を向けるべきだと思います。

容色ばかり気にしていてもしようがないし、豊かに積み上げてきた人生経験に目を向ければ、気持ちも前向きになれます。

ちょっと年上の知人の中に、定年退職後にそれまでの人生経験を生かして、さまざまな相談に乗るボランティア活動をしている人がいて、いつもハツラツとしています。やりがいを感じているのだと思います。悩み事を相談するには、ある程度人生経験を積んだ人のほうが頼りになるのは当然のことでしょう。

私も、彼女のように、人の役に立てるような何かに取り組みたいと思うし、今はそれを模索中といった感じです。まだ数年、猶予期間があるので、しっかりアンテナを張って、自分にできそうなことをいろいろ考えてみたいと思います。


この事例の女性のように、高齢になることで衰えていく面ばかり意識するのでなく、成熟していく面、人生経験を積み重ねてきたことのメリットにも目を向けることで、前向きの気持ちで60代に突き進んでいくことができます。

時間的余裕ができ、つぎのステージをどこかで意識し始めている自分がいる

〈50代男性　大野さん（仮名）〉

自分はまだ50歳になったばかりなので、定年まではまだずいぶん時間的余裕はありますが、けっして他人事のように思っているわけではありません。

それは、30代から40代のメチャクチャ忙しい時期を過ぎて、残業や休日出勤に追われる日々から解放され、ほぼ毎日定時に帰れるようになって、自分を見つめる時間が持てるようになったからかもしれません。

それと、定年退職しているかつての上司とこの前会ったとき、定年後の生活についての現状を聞き、在職中から心構えをしておく必要があるとアドバイスしてもらったことも影響していると思います。

まだそれほど真剣に定年後のことを考えているわけではありませんが、ちょっとした瞬間に物思いに耽り、定年後の自分を想像したりしています。

人生の新しい章をどのようにつづっていくか、ときどき自分の内面を見つめ、考えることがありますが、職場以外のステージでどのような自分が動いているか、楽しみな半面、不安もあります。
これまでは外の世界にしか目が向いていませんでしたけれど、つぎのステージを心のどこかで意識し始めているといった感じですかね。

この男性のように、働き盛りを過ぎると、時間的にも気持ちのうえでも人生を振返る余裕が出てきます。そして、このままの生き方が永遠に続くわけではないということを意識せざるを得なくなります。つぎの事例の女性も、50歳を過ぎる頃から生活を変えなければといった衝動が心の奥底でうごめいているのを感じるようになり、試行錯誤の末に、夫婦で旅行を楽しむようになったようです。

共通の話題が持てるように夫婦で旅行を楽しんでいる
〈50代女性　今泉さん（仮名）〉

私は、20代の後半に結婚を機に退職して以来、専業主婦として、子育てや家事を中心にこなしてきました。子どもたちの手が離れてからは、パートで勤めに出ることはありましたけど、家で過ごす時間が圧倒的に多かったと思います。

そんな生活にとくに不満もなく、30代~40代を過ごしてきました。でも、50歳を過ぎた頃から、家庭以外の場所で自分にできることは何かないかと考えるようになりました。それまではなかった思いでした。今の生活に不満があるわけでもないのに、なぜそんな思いが湧いてくるのだろうと、自分でも意外でした。

まだ職に就いていない息子や結婚していない娘がいる時期でしたが、今思えば、このままの生活がこの先ずっと続くものではないと、心のどこかで感じていたのでしょう。「いずれ子どもたちは家を出ていくのだから、子どもたち抜きの生活への準備をしておかないと」と思い始めていたのだと思います。

試しに習い事に通ったり、講習会みたいなものに出てみたりはしたんですけど、結局これだと思うものには巡り合えず、全部やめてしまいました。老後は趣味に生きることが大切と言う人もいますが、私はとくに趣味としてやりたいこともないので、人それぞれだし、趣味といえるものがなくてもいいじゃないかって考えるようになりました。でも、旅行は好きなので、暇になったらいろんなところに旅行に行きたいなと思っていました。
そうしているうちに子どもたちは巣立っていき、夫婦二人だけの生活になりました。夫もとくに趣味といえるものがあるわけではないのですが、旅行は好きなようです。最近は、年に何度か二人で旅行に行くようになっています。この先、夫の定年退職後も一緒に楽しく過ごせるように、旅行を楽しみ、共通の話題が持てるように心掛けたいと思っています。

生きる意味の心理学を探究したフランクルは、何かを創造する喜びを味わうことができない場合も、何かを体験する喜びを味わうことができると言います。たとえば、演奏したり、絵を描いたり、何か作品をつくったりする趣味が苦手でも、音楽を聴いたり、絵画を鑑賞したり、なんらかの展覧会を観たり、旅行をしたり……といった体験を楽しむことができます。定年退職後は、配偶者との時間が増えるであろうことを考えると、夫婦で一緒にそうした体験を楽しむ習慣をつけておくことも大切でしょう。

妻とは無理に合わせず言いたいことが言える関係にしていきたい

〈50代男性　新村さん（仮名）〉

僕は、若い頃からスポーツが好きで、就職してから結婚するまではスキーやテニスの合宿を職場の仲間と楽しんでいました。

さらに趣味の幅を広げようと仲間と社交ダンスに通い始めたんですが、そこで妻と知り合いました。それからはダンスを一緒にやるだけでなく、スキーやテニス合宿にも誘って一緒に楽しむようになり、ついに結婚しました。

結婚してからも、仲間とのいろいろなスポーツ合宿に妻も連れて行き、一緒に楽しんできたのですが、「このままずっと何から何まで一緒でいいのだろうか」と考えてしまうようになったんです。

あまり深刻に考えているわけじゃないんですけど、無理をして相手に合わせ過ぎていると、いつか我慢できなくなって爆発するっていう話を聞いたことがあり、自分たちはどうなんだろうって。

僕も妻も、若い頃から周りの人たちとうまくやっていこうという思いが強いのか、自然に相手に合わせてきたように思うんです。それで最近、どこか無理をしていたのかも?と思って、もうこの年なんだし、無理して合わせなくてもいいじゃないかと思うようになったんです。嫌なら嫌と言って、別行動でもいいんじゃないかって。

それで、妻とのことも考えると、これまでずっとスキーやテニスやダンスの趣味をケンカもせずによく一緒にやってきたなあって思うんですけど、よく考えてみると趣味というか性格や好みは全然違うんですよね。

たとえば、観るテレビも違うし、食べに行くお店の好みも違うし、服装の好みも違う。もしかして結婚してからずっとお互いに相手に合わせてきたのかなと思うと、この先これまでどおりずっと一緒に趣味をやっていていいのかなって思って。

ダンスはもともと妻も趣味としてやっていたわけですけれど、スキーやテニスは無理して僕に合わせてきたのかもしれないし、僕の仲間に無理して合わせているのかもしれない。そう思うと、なんだか考え込んでしまいます。

自分自身、会社生活の中で無理して合わせている部分があるし、定年後は組織の縛りとかなくなるし、自分を抑えるのはよくないし、家庭でもあまり合わせ過ぎずにお互いに言いたいことが言えるようにならなくちゃいけないって思うんですよ。そうでないと二人だけの密な生活になって、長くよい関係を続けていくのが難しくなりますよね。じゃあ、今からどうしたらいいのか。それを模索中です。


定年後の生活では、夫婦関係の良否が大きな影響を持ちますが、絶えず相手に合わせて行動を共にしていても、そこに無理があれば、いずれ苦しくなってしまうでしょう。この男性は、そこが気になっているようです。

今こそこれまでの人生を振り返ってみよう

60歳前後の転機を前にした人たちの様子を見てきました。転機を前にして思うことは人それぞれですが、生活が大きく変わることになるため、期待と共に大きな不安があることがわかったと思います。おそらくあなた自身もそうなのではないでしょうか。では、どうしたらよいのか。それをこれから考えていくわけですが、まずはあなた自身のこれまでの人生を振り返ってみましょう。

ここでいきなり人生を振り返るようにと言われても、どう振り返ったらよいのかわからない。そんな声が聞こえてきそうです。そこで、人生を振り返るための手がかりをいくつか示していきたいと思います。

まずはこれまでの人生の中で、とくによかった時期を探してみましょう。その際、つぎのようなことを手がかりに思い出してみてください

❶ とくによかったなあと思うのはいつ頃か。複数の時期があってもかまいません。
❷ どのような点でよかったのか。よい時期だったと思う理由は？
❸ その時期の経験は、その後の自分の人生にどんな影響を与えているか。

これを試みた人たちの反応をいくつか紹介しましょう。

Aさんは、幼稚園の頃が一番よかった気がすると言います。なぜよかったのかというと、なんの悩みもなく天真爛漫でいられたし、周りから守られているっていう感じがあったからだということです。大きくなってから嫌なことや悩むことがいろいろ出てきたけど、幼い頃のことを思い出すと、ほのぼのした気持ちになり、心のエネルギーの補充ができ、前向きになれるそうです。

Bさんは、高校生の頃が一番よかったと言います。これまで漠然とそんな感じがしていたけれど、改めてその理由を考えてみると、友情と充実感だと思うそうです。高校の部活はとても厳しかったけれど、みんなで力を合わせて頑張って困難を乗り越えるという経験ができ、充実した3年間を過ごせたのが最高によかったたし、その活動を通してずっとつき合える親友ができたのがよかったと言います。あの頃ほど充実感が溢れた時期はその後なかったし、究極まで頑張れたことが、その後の自信につながっていて、困難にぶち当たったときも、自分なら頑張れると思うことができると言います。高校時代の部活の仲間とは今も親しくつき合っているとのことです。

Cさんは、大学生の頃が一番よかったという印象があると言います。それは、なんといっても人生で一番自由を謳歌した時期だからとのことです。高校生までは学校に縛られていたような気がするし、行動範囲も非常に狭かったけれど、大学では友だちと喫茶店で話したり、夜遅くまでお酒を飲んで語り合ったり、サークル活動を楽しんだり、アルバイトに明け暮れたり、ためたお金で一人旅に出かけたり、ほんとうに自由に生きていたから、人生で一番よい時期だった、戻れるものならあの頃に戻りたいと言います。就職してからは、高校時代までよりもさらに縛られてきた感じはするものの、大学時代に十分自由にさせてもらえたという思いがあるから、我慢できたのではないかと思うそうです。

Dさんは、30代の頃が一番よかったと言います。20代の初めに就職して、徐々に仕事に慣れていき、30歳になる頃には仕事が人一倍できるようになり、30代は仕事面で最も脂が乗っている時期で、自分で言うのも気恥ずかしいけれど、できるヤツだと周囲から期待され活躍していたからだそうです。実績を上げていたために同僚から妬まれ、嫌な目に遭うこともあったものの、これまでの人生の中で自分が一番輝いていた時期だったし、その後いろいろあって自分の人生落ち目だなと感じることもあったけれど、あの30代があったから、人生には浮き沈みがつきものだって自分に言い聞かせ、つらい時期をなんとか乗り越えることができたと言います。

いくつかの事例を見てきましたが、あなたにとってとくによかった時期はいつの頃でしょうか。じっくり振り返って考えてみましょう。漠然と「あの頃がとくによかったかな」と思い浮かぶ時期が出てきたら、つぎにそう感じる理由を見つけるべく、その頃のことを振り返ってみましょう。

つぎにこれまでの人生の中で、とくに悪かった時期を探してみましょう。その際、つぎのようなことを手がかりに思い出してみてください。

❶ とくに悪かったなあと思うのはいつ頃か。複数の時期があってもかまいません。

❷ どのような点で悪かったのか。悪い時期だったと思う理由は？

❸ その時期の経験は、その後の自分の人生にどんな影響を与えているか。

これを試みた人たちの反応をいくつか紹介しましょう。

Eさんは、小学生の頃が一番悪い時期だったように思うと言います。あの頃は、毎日のように先生から叱られ、自分ではそんなに悪ガキだったとは思えないのに、しょっちゅう怒鳴られたり、教室の後ろに立たされたり、ときに殴られたりしていて、学校に行くのが嫌だったそうです。登校拒否とか不登校という言葉を知らなかったから、仕方なく学校に通っていたけれど、怒られに行っていたような感じで、小学生時代のことを思い出すと暗い気分になるのだそうです。それがもとになっているのだと思うけれど、中学でも高校でも学校を居場所にする気持ちにはなれず、部活とかには興味がなく、学校の外の塾やアルバイト先を居場所にしていたし、今思えば学校に馴染めない体質だったんだなと思うと言います。

Fさんは、中学生の頃が一番悪い時期だったと言います。小学校の頃はわりと優等生で、先生からも気に入られ、学級委員をしたことがあり、学校が楽しかったのだが、中学生になると勉強が急に難しくなり、他の小学校から優秀な子たちが来たこともあって、小学生の頃と比べて自分でもびっくりするくらい成績が急降下して落ち込んで、小学校ではクラスの中心的存在だったのに中学では目立たない存在になり、自信喪失の時期だったとのことです。小学生の頃のようにハツラツとした自分になりたいと思うこともあったけれど、自信が回復しないままダラダラと過ごしてきたように思うそうです。

Gさんは、20代の頃が一番悪い時期だったと言います。希望していた業界に就職できないどころか片っ端から就職試験に落ちて、まさかこんな会社に、というような就職だったのでそれだけでも20代は暗い時期だったが、就職してみるとまさにブラックで、ノルマがあまりに過酷、そんな職場が嫌で仕方がなく、そんなときに彼女とうまくいかなくなって失恋。最悪の20代を過ごしたそうです。30代で思い切って転職して抜け出せたが、それまではあまりに暗い毎日で、思い出すだけで吐き気がするほど嫌な時期だったので、そのあとの職場は他人から見たらそんなに好条件の職場じゃないかもしれないけれど、前と比べたら自分にとっては気持ちよく働けたと言います。そして、その職場でよい出会いがあり、結婚して、まあまあ楽しく暮らせたし、30代以降はいろいろな意味で上向いたので、やはり20代が最悪だったとのことです。

Hさんは、40歳頃が一番悪い時期だったと言います。それまではわりと楽しく暮らせていたのだが、子どもが不登校になり、それが結構長く続いて、話そうとしても拒絶状態で自分の部屋に引きこもるし、それを見て下の子が何か言うたびにケンカになるし、学校の先生やカウンセラーと会うために主人も会社を休まなければならなくなり、そのことが原因で夫婦で言い争うことも多くなって、家じゅうが病んでいた時期だったと言います。いろいろ試行錯誤した末に、子どもはなんとか高校に進んだが、それまでの数年は地獄のようで、なんで自分の子がこんなことにならなければいけないのかと運命を呪うこともあったものの、その後は子どもはしっかりと自分の道を歩むようになり、家族全体が落ち着いたとのことです。

いくつかの事例を見てきましたが、あなたにとってとくに悪かった時期はいつの頃でしょうか。じっくり振り返って考えてみましょう。漠然と「あの頃がとくに悪かったかな」と思い浮かぶ時期が出てきたら、つぎにそう感じる理由を見つけるべく、その頃のことを振り返ってみましょう。

つぎに、これまでの人生の中で、やり直せるものならやり直したいことがあるかどうか、振り返ってみましょう。

人生すべて思い通りに行き満足だという人も少ないでしょうし、だれもが多かれ少なかれ後悔することがあるのではないでしょうか。その意味では、やり直したいとまで思うことはないにしても、じっくり振り返ってみれば、「あのときこうすればよかった」「あのときあんな選択をしたのが間違いだった」などと思うことが、きっとだれにもあるはずです。

ある人は、高校生のときにもっと真剣に勉強しておけばよかった、そうすればもっとやりがいのある仕事に就けたのにと思うことがよくある、勉強することの大切さにあの頃気づいていればと悔やまれると言います。

「中学生のとき塾の勉強が嫌になってやめてしまったけど、あそこでやめずに続けていれば、もっとレベルの高い高校や大学に進んで、まったく違った人生になっていただろうに」と考えると、悔やんでも悔やみ切れないという人もいます。

高校生のとき、部内の人間関係の揉め事で部活をやめてしまったけれど、もともとスポーツは大好きだったので、あのときやめずに続けていれば、大学や職場でも続けて、今も趣味としてやっていたかもしれないと思うと、残念な気持ちになるという人もいます。

結構、人づき合いに気を遣って疲れるタイプなので、大学でも交友範囲が狭かったけれど、もっと積極的にいろいろな人とつき合っていたら、世界をいくらでも広げることができたのにと後悔することがあるという人もいます。

20代の頃、就職してからいろいろ忙しかったせいもあって、学生時代からつき合っていた恋人と別れてしまい、その後別の人と出会って結婚し、結局価値観が合わずに離婚することになってしまったけれど、学生時代からの相手とは価値観が似ていたので、あのまま別れていなければもっといい人生になっていたかもしれないと思うことがあるという人もいます。

30代から40代の頃、仕事が忙しかったし、また自分もやりがいを感じて仕事に没頭し、自ら残業したり休日出勤したりで、家庭を顧みていなかったため、働き盛りを過ぎても家に居場所がなく帰りにくくなってしまった、あの頃もう少し仕事をセーブして妻や子どもとの時間を持つようにすればよかったと、今さら無理だけど後悔することがあるという人もいます。

「中年期の迷いとよく言うけど、40代の半ば頃に仕事に飽きた感じがあって、やりがいを求めて転職したけど、あれが失敗だった。転職してから前の会社のよさがわかった。あのとき転職せずに前の会社で頑張り続けていたら、その後の人生は大きく変わっていただろうに、安易な気持ちで転職したことをずっと後悔している」と複雑な思いを口にする人もいます。

転機となった出来事を可視化してみる

60歳前後は人生の大きな転機となるということはすでに指摘しましたが、これまでの人生の中にもいくつかの転機があったはずです。そう言われても、なかなか転機のイメージが湧かないという人もいるかと思います。そこで、多くの人にとって転機となりがちな出来事を示してみましょう。思い当たることが記憶の彼方から浮かび上がってくるかもしれません。

❶転校・進学・転居

親の転勤に伴い転居し、引っ越し先の地区の学校に転校するというのは、よくあることですが、子どもにとって転校というのはとても衝撃的な出来事といえます。仲のよい友だちと離れ離れになり、それまで慣れ親しんでいた学校環境や近隣環境から引き離され、見知らぬ人ばかりの新たな学校で友だち関係を築いていかなければなりません。新たな環境への適応が無理なくできる外向的な子どもならそれほど苦労はしないかもしれませんが、新たな環境に慣れるのに時間がかかる内向的な子どもにとって、それは大きなストレスとなります。

ただし、それまでの学校への適応が悪かった場合は、窮屈だった学校から解放されて、かえってイキイキするというようなこともあります。転校をきっかけに元気で明るかった子がおとなしく目立たない子になるということもあれば、消極的で目立たなかった子がとても積極的になるということもあります。

いずれにしても転校というのは大きな転機になりがちです。中学入学、高校入学、大学入学などの進学も、転校と同じく大きな環境の変化をもたらすので、転機となることが多いといえます。

❷受験

受験も学生時代には非常に大きな出来事です。受験勉強のきつさ、頑張っても成績が思うように上がらないときの苛立ち、成績が上がったときの喜び、模擬試験で志望校の合格確率が悲惨なものだったときの落ち込み、合格確率が上がったときのうれしさなど、受験までの道のりでもいろいろあったでしょう。

志望校に合格したときの舞い上がるような気持ち、志望校に落ちたときの絶望的な気持ちなど、受験の結果によって気持ちが大きく揺れ動くものですが、望み通りの学校に行けたかどうかは、その後の学校生活に大きな影響を持つものです。とくに大学の場合は、志望校になんとしても入りたくて浪人することも珍しくなく、その結果の合否はその後の人生において、気持ちの上でも学歴的にも大きな影響を及ぼしかねません。

志望校に受からなかったことで、まったくやる気がなくなる人もいれば、いつまでも敗者気分から脱することができず、その後の人生でもなかなか自信が持てずに、受験失敗で自分の人生は終わったとまで言う人もいます。もちろん、望まない学校に進学しても心機一転頑張って、前向きの学校生活を送る人もいます。

いずれにしても、受験というのは大きな転機になることがあります。

❸ 就職

人生で最も大きい出来事の一つが就職なのではないでしょうか。学校はほんの数年で卒業ですが、会社とかの就職先の場合は、30年から40年、あるいはそれ以上になることもあり、大人になってから引退するまでの人生の大半を過ごすことも珍しくありません。それゆえに、希望した就職先に決まったかどうかはとても大きな出来事でしょうし、希望通りにしてもそうでないにしても、就職した先がどのようなところだったかによって、その後の人生は大きく方向づけられるはずです。

どのようなところに就職したかによって、やる仕事が違うだけでなく、職場の雰囲気も違うし、経済状態も違ってきます。日常的に関わる人も違えば、出会う人も違ってきます。そのような意味でも、就職が大きな転機となることが多いといってよいでしょう。

❹ 恋愛

とくに青年期には恋愛が大きな出来事であることは間違いありません。高校生のときの恋愛は日々のエネルギー源で、そのお陰で楽しい高校生活だったという人もいれば、高校生のときは恋愛にうつつを抜かしていたせいで大学受験に失敗してしまい大いに後悔したという人もいます。このように恋愛や失恋は、その当時は舞い上がったりどん底に落ちたりと大変だったかもしれませんが、改めて振り返ると、どちらもいかにも青春という感じで懐かしいのではないでしょうか。

そんな恋愛が大きな転機となることもあります。好きな相手に見捨てられ、いつか見返してやるという気持ちで必死に勉強し、その後がむしゃらに仕事をして、充実した仕事生活になったという人もいます。好きな相手と結ばれて幸せな家庭にしなければと思ってやってきたので、いろいろあったけど力を合わせて楽しく暮らしてこられたという人もいます。

仕事で大きな失敗をして、会社に居づらくなって、あまり条件のよくない転職をして、ヤケになっているときに、出会った相手に励まされ、立ち直ることができ、その相手と大恋愛になり結婚したという人もいます。

❺ 結婚

かつては結婚を機に退職した女性も多く、その場合は結婚が大きな転機となったでしょう。職場生活から家庭内の仕事が中心の生活への転換ということになりますが、それを自分のペースで暮らせるからと心地よく感じる人もいれば、仕事帰りに同僚と食事したり飲みに行ったりしていた頃と比べて窮屈に感じる人もいるはずです。

恋愛時代に声をかけ合って仕事帰りにデートをするのは刺激的で楽しかったけれど、結婚していつも家で一緒ということになるとマンネリ化してワクワク感がなくなってしまい、関係性が変わってしまったという人もいます。

好きな相手と結婚するというのは喜ばしいことなのだけれど、かつては独身生活を謳歌していたのに、その頃の身軽さや自由さが失われた感じがあって、青春が終わったなあと一抹の淋しさを感じたという人もいます。

ある程度の自由の喪失は伴うものの、好きな相手と一緒に暮らせるのは幸せだし、今の配偶者と一緒になれてうれしかったし、長く一緒に暮らしていればいろいろあるものの、この相手と一緒の人生を歩んでこられてよかったと思うという人もいます。

一方、家庭生活はそれなりに楽しかったけれど、結婚せずに独身を貫いている友だちと会うと、身軽さを感じ、なんでも自分の思うままにできて自由でいいなと思うこともあるという人もいます。

いずれにしても、結婚によって生活は大きく変わるので、結婚は大きな転機をもたらすといえます。

❻子どもの誕生

子どもの誕生も生活に大きな変化をもたらします。働いていれば働き方を変える必要に迫られることもあるでしょうし、家庭にいれば子ども中心の生活にならざるを得ません。それを喜びと感じることがあったり、ときに束縛と感じることがあったりするかもしれませんが、いずれにしても子どもの誕生は大きな転機となるはずです。

子どもができ、子どもを守り育てる立場を経験して自分勝手な生き方から脱することができ、やっと大人になれたと思ったという人や、なかなか思い通りにならない子どもを絶えず相手にすることで忍耐強くなり、他の人に対しても前みたいにイライラしなくなったという人もいるなど、子どもが生まれ、親という立場で動くことによって人間的に成長できたという声が多いようです。

その一方で、子どもの誕生により制約が生じ、自由が大きく失われたと感じる面もあるようです。たとえば、子どもが生まれる前までは、仕事帰りに友だちと食事をしたり飲みに行ったり自由にできたし、夫婦でコンサートに行ったりすることもできたのに、子どもがいるとそういうことができなくなり、ちょっと淋しかったけれど、子どものためには我慢するのは当然だし、それが親というものだという自覚ができたという人もいます。

❼転職

転職が成功だった場合も、失敗だった場合も、転職によって毎日通う場所が変わり、1日のうち起きている時間の大半の過ごし方が変わるわけなので、転職というのは大きな転機となります。

転職が成功だった場合は、居心地の悪かった職場からの解放だったり、やりがいを感じられない仕事からの解放だったり、過酷な労働条件からの解放だったりして、生活の改善という意味で大きな転機となります。

一方、転職が失敗だった場合は、納得のいかない職場や仕事から脱するためにわざわざ転職したのに、いざ転職先で働き始めてみるとまったくの期待はずれで、前のほうがマシだった、なんの改善にもならなかったなどということになり、労働条件の改善の失敗という意味で挫折感に苛まれ、大きな転機といえるでしょう。

❽ なんらかの挫折

仕事上の挫折にしろ、私生活上の挫折にしろ、なんらかの挫折が大きな転機となることがあります。

仕事上の挫折が大きな転機になった人も少なくありません。たとえば、上司との折り合いが悪く、いくら成果を出しても評価してもらえず、やる気をなくしてしまった人もいれば、似たような事情でやる気をなくし、仕事は適当に流し、私生活を楽しむようになり、今になってみるとそのお陰で定年退職がちっとも怖くないという人もいます。

仕事の能力はあるほうだと思うし、40歳になる頃までは順調に出世していたのだが、さらなる管理職になるところで自分より能力が劣ると思っていた同僚が登用され、それ以上の出世がなくなり、燃え尽きてしまったという人もいます。

私生活上の挫折が大きな転機になるということもあります。たとえば、信じていた友だちに裏切られて人間不信に陥り、人と距離を置くようになり、親しくつき合う相手ができなくなってしまったという人もいます。40代の頃から夫婦関係がぎくしゃくしてきて、残業がなくても家に帰る気がせず、寄り道をするようになり、家庭が居場所という感じがなくなってしまったという人もいます。

❾病気・事故

突然の病気や事故によって生活に大きな変化が生じることがあります。自分自身が深刻な病気になり、しばらく仕事を休まなければならなくなったり、それまでのような生活を維持するのが困難になったりすることがあります。また、配偶者や子どもが深刻な病気になり、生活を変えなければならなくなることもあります。

自分自身や家族の交通事故などにより、生活を変えなければならなくなることもあります。いずれも大きな転機となります。

40代のとき健康診断でがんが発症していることが判明したが、幸い手術が成功し、その後の経過も良好で、ひとまず危機を脱した。でも、そのときに今後について真剣に考えたのがきっかけで、それまでは先のことなど何も考えずに生きていたのだが、悔いのないように一日一日を有意義に生きようと考えるようになり、人生の密度が濃くなったという人もいます。

成人病関係の数値が悪いのは知っていても気にせず暴飲暴食をしていたが、ついに医者から酒を控えないと大変なことになると言われ、それまではみんなで飲むのとは別に、行きつけの店で一人で飲むのを楽しんでいたのに、それができなくなり、とても淋しい生活になってしまい、今もどうしたら楽しく過ごせるか思案中だという人もいます。

⑩ 子どもの独立

子どもが家を出て行くと夫婦だけの生活になりますが、そうした変化が大きな転機になることがあります。子どもの世話に追われていた人の中には、空の巣症候群と呼ばれるような虚脱感に襲われる人もいます。そこでは、親としての役割の喪失を受け入れ、新たな役割の創出に至るまでの不安定さに耐えるといった課題に直面させられます。

また、子どもを媒介にしてしか夫婦関係が成立していなかった場合は、夫婦だけの生活にスムーズに移行できないこともあります。母子密着で夫が家庭に居場所がなかった場合など、夫が残業がなくても遅く帰宅する帰宅恐怖症候群であったり、夫がいると妻が心身の不調に陥る主人在宅ストレス症候群であったりすると、子どもの独立による夫婦だけの生活への移行が非常に困難を伴うことにもなりがちです。

結婚を機に退職して子育てに専念してきたため、いつの間にか子どもと一体化していたみたいで、子どもたちが巣立つとやることがなくなり、気力も失せてしまい、夫から働いてみればと言われたけれども、50代で慣れない仕事を始めるのはハードルが高いし、働きながら保育園や学童保育を使って働き続けた友だちのようにしていればよかったと、今さらながら後悔しているという人もいます。

子どもが生まれたのはうれしかったし、もちろん可愛かったけれど、仕事が忙しくてなかなか早く帰れず、子どもが寝てから帰宅することが多かったせいか、妻と娘がべったりしており、休日も仲間外れみたいな感じなので職場の仲間と遊びに出るようになり、夫婦で楽しむことなどなかったが、子どもが結婚して家を出てからは、妻が手持ち無沙汰にしているので休日に夫婦で出かけるようになり、数十年ぶりにデート気分を味わえるようになったという人もいます。

⓫親の病気・介護

親が深刻な病気になったり、認知症などで放っておけなくなり介護が必要になったりしたことで生活が一変してしまうということもあります。介護という新たな役割への適応のためには、生活構造の大幅な組み換えが必要となります。

40代の頃、70代の親が認知症になり、同居して世話をする必要が生じ、せっかく仕事は軌道に乗っていたのに介護離職をせざるを得なくなり、それが大きな転機になったという人もいます。５年後に身体も自由がきかなくなり施設に入れてもらい、復職できたが、自分の将来についてもいろいろ考えさせられ、仕事ができる幸せを感じるとともに、子どもの足を引っ張ることのないように自分自身で準備しておかなければと思うようになったとも言います。

50歳になる頃、それまで親と同居していたきょうだいから親の世話役が回ってきてパートの仕事を辞めるざるを得ず、趣味の会にも出られなくなり、家から片時も出られなくなって、生活が一変した人もいます。

人生グラフのつくり方

それでは、これまでの人生を振り返りながら人生グラフをつくってみましょう。

以下に示した人生グラフは、私が考案し、さまざまな年齢の人たちに調査を実施、学会などで発表してきたものですが、横軸は年齢の経過、縦軸は主観的な評価を表しています。つまり、年齢を重ねるにしたがってグラフは右方向に延びていきます。そして、よかった時期は上のほうに位置し、悪かった時期は下のほうに位置します。最もよい時期の評価を5、最も悪い時期の評価を1、可もなく不可もないごく普通の時期の評価を3とします。だんだんよくなっていく時期は右上に上昇していき、だんだん悪くなっていく時期は右下に下降していきます。

上のほうで横ばいになっていたよい時期や上昇してよくなっていく時期から、突然下降し始める際には、何か転機となる出来事があるはずです。

反対に、下のほうで横ばいになっていた悪い時期や下降して悪くなっていく時期から、突然上昇し始める際にも、何か転機となる出来事があるはずです。

このように抽象的なことを言っていてもイメージがつかみにくいかもしれません。そこで、まずはいくつかの事例を見ていきましょう。

50代男性　中島さん（仮名）

子ども時代のことはあまり覚えていないけど、とくによいことも悪いこともなかったように思うから、可もなく不可もなくっていうことで、3くらいにしてあります。

16〜18歳の頃が一番楽しかったかなあ。だから、その頃がグラフの頂上、5あたりですね。

高校生活は部活に燃えていました。大変だけど充実していたから、グラフは入学後に上昇して、ぐんぐん上がっていますね。

だけど、就職してだんだん下降して行きます。仕事は嫌じゃなかったけれど、高校時代のような楽しさはなくなったから、いきなり下降し始めます。仕事は、正直言ってほんとうにきつかった。平日は毎日残業で午後10時くらいに帰宅していたから、家に帰ってもただ寝るだけ。土曜日も出ていたし。有給休暇なんてないようなもので、年に4日くらいしか取れなかったし。上司にも恵まれなかった。とんでもないところに入っちゃったなあって思うこともありました。慣れるまでは、ほんとうにきつかったですね。

そのうち慣れてきて仕事もできるようになり、30代になった頃から仕事を任されるようになったので、気が休まることがなく大変だったけど、今からみれば充実していましたね。だから30歳過ぎからグラフは上昇して行きます。40代に管理職になり、ますます忙しくなっていったけど、やりがいを感じていたからグラフはさらに上昇ですね。

でも、50歳の頃、親が病気になって、実家に週末に顔を出せるように役職を降りたんです。それでやりがいをなくしてグラフは下降したけど、土曜に実家に行って、病院に見舞いに行って、夏は農作業をやったり草むしりしたり、そんなふうにしていると、こんな生活も結構悪くないなって思えてきて、グラフはまた上昇しています。

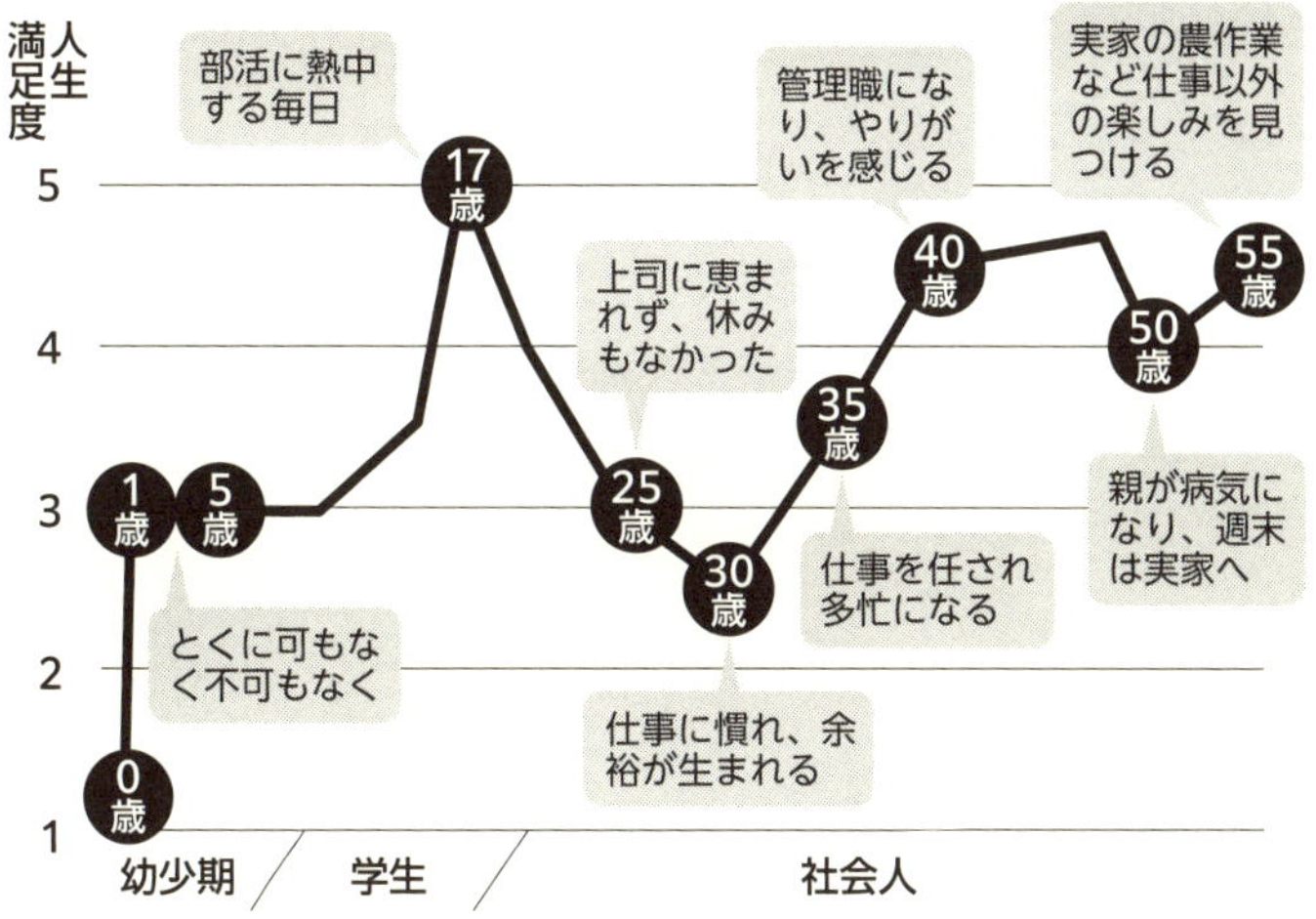

定年後のことを考えると、会社一筋じゃなくなったのもよかったんじゃないかって思います。

50代女性　広瀬さん（仮名）

小・中学校の頃のことはよく覚えていないんですけど、嫌なこともとくに思い出さないし、よいことも思い出さないので、ふつうということで3にしました。幼稚園の頃のこともよく覚えていませんが、なんだか懐かしい思いになるので、少しよい時期だったのかなって思うので3・5くらいにしました。

高校時代は、成績が悪くて先生から冷たい目で見られていた気がするし、サボり気味で、結局大学受験もうまくいきませんでした。自分でもそんな自分が嫌だったから、2にしました。

大学はみんな落ちて短大に行ったから、そこでもやる気になれず、だらだら過ごしたので、短大時代も2です。

卒業後に就職し、とても大変だったし、そのときの自分は仕事がきつくて嫌だって言っていたかもしれませんが、今振り返るとすごく充実していたって思うんです。だからグラフは就職後に3、4、5と20代で上昇しています。ダラダラした生活からようやく脱することができたって感じです。

結婚して会社を辞めて、子どもが二人生まれて、その頃はもちろん楽しかったから、グラフは5あたりで横ばいですけど、子どもがアトピーで大変だったのと、夫の転勤に伴い遠方に引っ越して、全然知らない土地で暮らすことになって、いろいろなストレスがかかったせいで、グラフは大きく4、3、2と下降して行き、30代はじめ頃がどん底だったように思います。

でも、子どものケアにも慣れ、新たな土地での生活にも徐々に慣れてきて、グラフは再浮上しています。30代半ば過ぎ頃、子どもたちが学校に行くようになり、夕方早く帰れる仕事を始めて大変だったけど充実した毎日でした。仕事でお客から感謝されたり、社内でも評価してもらったりして、子どもたちも順調に成長してくれて、30代後半から40代は人生で最もよい時期だったように思います。ということで5が長く続きます。

50代になった今は、子どもたちは結婚して家を出て、私たち夫婦はそれぞれ仕事を続けていますけど、お互いにあと数年で定年になるので、その後のことを考えると今のところなんの展望もないので、「どんな生活になるんだろう」と結構不安です。

グラフが4あたりに下降気味なのも、とくに悪いことがあったわけではないけど不安

広瀬さん（仮名・50代女性）の人生グラフ

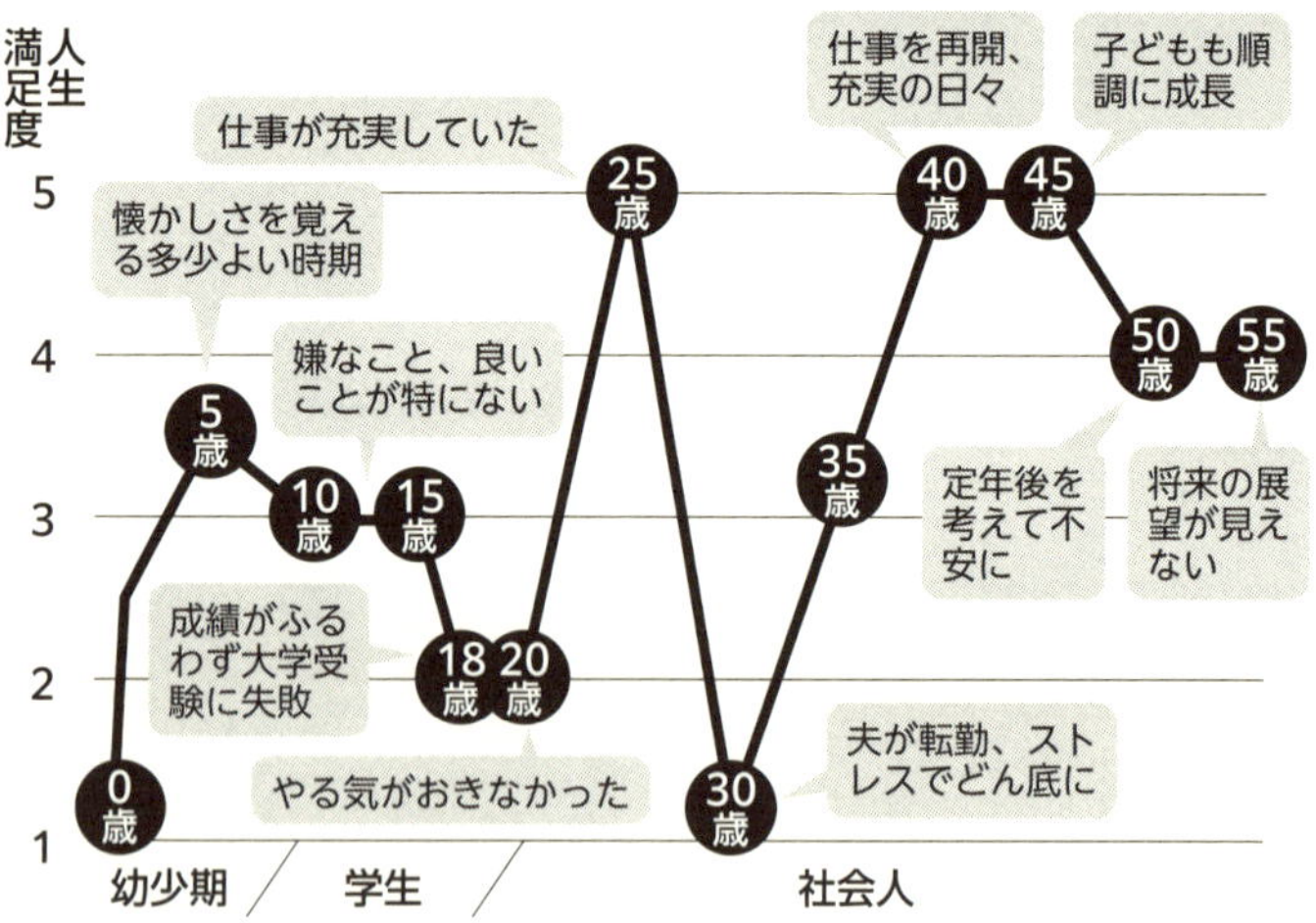

が強く、この先、今より充実した楽しい生活になると思えないためだと思います。

50代女性　宮地さん（仮名）

幼児期のことはよく覚えていないのですが、なんということなく過ごしていたように思う。だから評価3です。

小学生の頃から結構勉強も頑張り、何かと先生からほめられるような優等生だったし、自信を持って楽しく過ごしていた。だから評価4です。

中学でも勉強頑張っていて、学年で何番の成績を取るっていう目標を意識して、一生懸命に勉強していた。優等生で学級委員もやり、授業中の態度が悪い子に注意したりして、何も頑張らないような子はダメな子っていう価値観で、今思うと嫌な子だけど先生から信頼されている感じだった。だから、この頃は評価4です。

高校は、親が行かせたかったところがあったのですが、自分としては難関だけど行きたい高校があって、必死に勉強した努力が実ってそこに合格したことがほんとうにうれしかった。だから高校時代はほんとうに楽しかった。グラフも高校入学に向けて中学時代からさらに上昇が続き、高校時代は評価4～5のピークで横ばいが続いています。

大学受験は思うようにいかず、第1志望には行けなかったけど、小学校の先生になりたいという夢につながる学部に入学できて、学業に、サークルに、家庭教師のバイトにと、ほんとうに忙しくしていたけれど、今振り返ると、高校時代よりもさらに充実して楽しい時代だったように思う。だからグラフも高校の頃からさらに上昇して評価5です。

教員採用試験に受かって、小学校の教諭になり立ての頃は、学生時代からつき合っていた相手に大失恋して、ものすごく悲惨な時期だった。それでグラフは急下降で、評価2まで落ち、最悪の時期でした。

そんな私を見るに見かねた両親からお見合いを勧められ、失恋の傷も癒えないままに結婚してしまった。よくないですね、そういうの。結婚してみたら同居の夫の両親から仕事を辞めるように言われて退職したことが悲しくて、失恋の傷が癒えていなかったことも加わり、主人に対する恨みがましい気持ちが湧いたりして、夫婦関係もぎくしゃくして、体調を崩してしまった。だからグラフは評価2の底辺を這うような感じでした。

30歳になるときに子どもが生まれ、子どもを通してお互いの気持ちをわかり合える友だちができて、なんでも話せるようになって、そこから人生の雰囲気がガラッと変わってきたと思う。その人との出会いがきっかけで、気持ちが前向きになり、もともとの頑張り屋で積極的な自分を取り戻していった。だからグラフは評価2から評価4に急浮上。わかり合える人が一人いるだけでこんなに人生が違ってくるんだなあって、今改めて感じます。

子どもの手が離れる40代の中頃から非常勤で教師を再び始めて、今に至りますが、もともと子どもに何か教えるのが好きだったので、充実した毎日を送っています。だからグラフは評価4~5の高いところにずっと止まっています。

数年後に夫が定年を迎えますが、趣味が合わないし、話が合わないから、ずっと家にいられたら嫌だなって思う。もちろん夫婦円満に過ごしたいから、今も一緒に出かけたり、映画やコンサートに行ったりもするけど、本音では二人で一緒に行きたいわけではなく、そうしていると主人の機嫌がいいから、自分は半ばボランティアのつもりで夫と二人で出かけている。まさか私がそういうふうに思っているとは主人は想像もしていないと思います。そういうのはいけないと思うけど、でも夫婦円満

宮地さん（仮名・50代女性）の人生グラフ

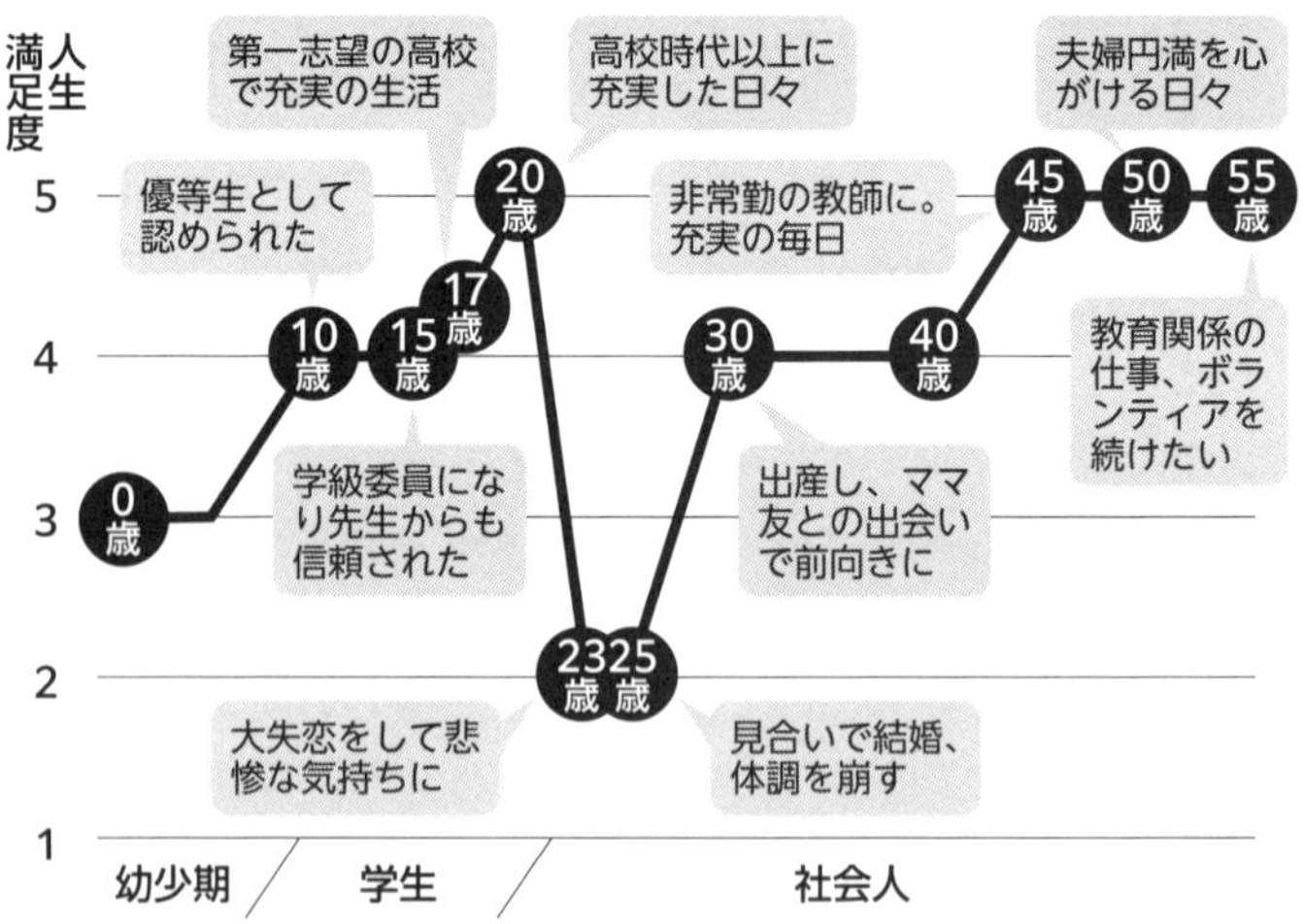

のためには必要なのではないかと思う。

この先、夫の定年後もそんな感じで円満を演出しつつ、私は自分の趣味、たとえば子どもに何かを教えるような仕事やボランティアなどをやって充実した日々を過ごしていきたいです。

自分自身のグラフを書いてみよう

このように各事例をたどりながらグラフを見ていくと、人生グラフのつくり方のイメージが湧いてきたと思います。これらを参考に、自分自身の人生グラフを作成してみましょう。はじめは感覚的にグラフを描いてみましょう。

ラフなものでよいのでグラフができたら、よかったのはどの時期か、どんな点がよかったのか、悪かった時期はどの時期か、どんな点が悪かったのか、上昇中の時期はどんな感じだったか、下降中の時期はどんな感じだったか、上昇への転換点にはどんなことがあったか、下降への転換点にはどんなことがあったかなど、グラフを見ながら振り返ってみましょう。

とりあえず人生グラフを作成してもらいましたが、まだ十分に思い出せていないことがたくさんあると思います。より豊かな自伝的記憶が想起されるように、つぎの章ではこれまでの人生史を構成する記憶素材を掘り起こしてみましょう。

人生グラフの例

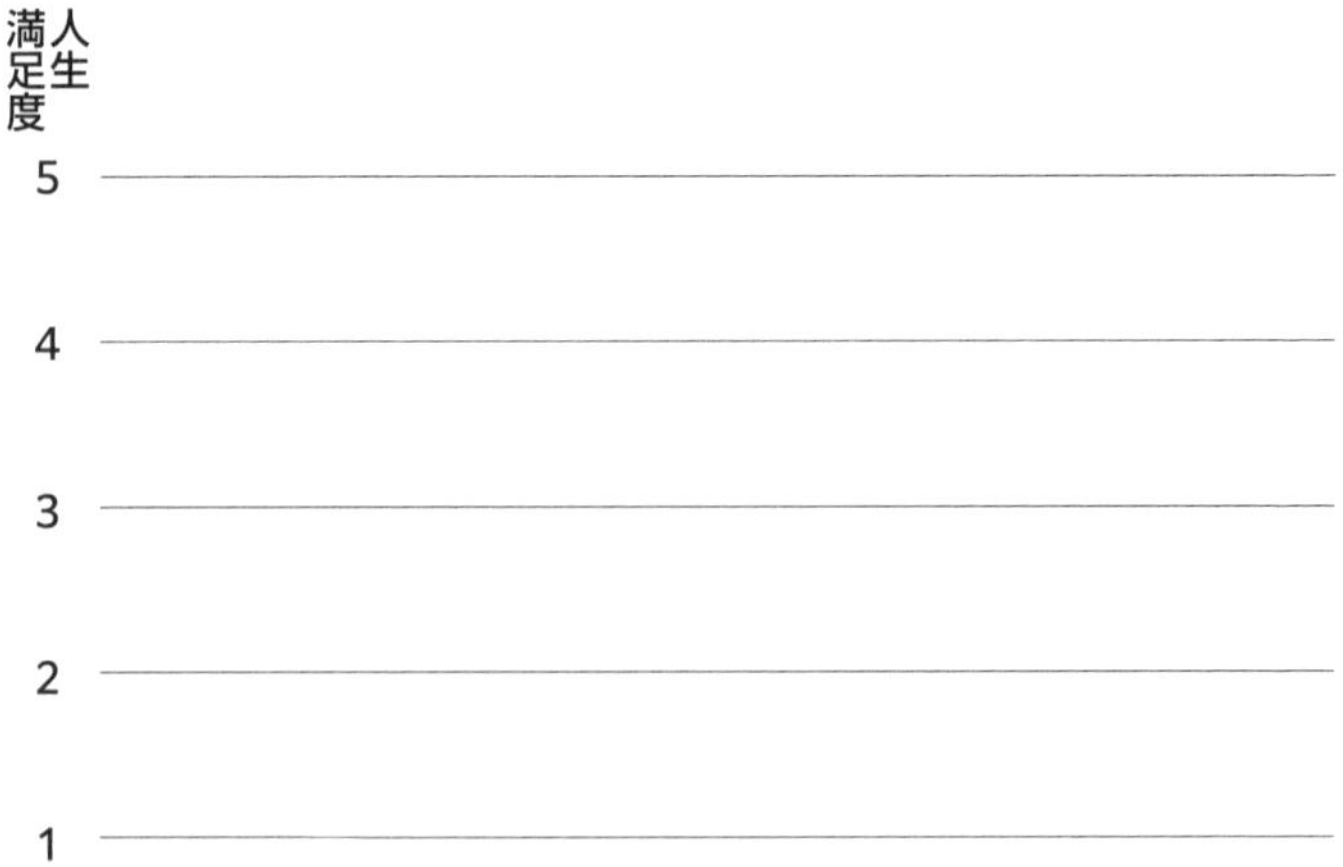

第2章

自分はいったいどんな人生を送ってきたのか

自分の人生と向き合うために

人生にとって大事なのは、これからどう生きていったらよいのかということです。

でも、これからの生き方はこれまでの生き方に大きな影響を受けるはずです。

それゆえ、今後の生き方を考えるためには、これまでの人生史を整理しておく必要があります。

改めてこれまでの人生を振り返ってみると、長らく忘れていた出来事を思い出したり、当時の自分の気持ちを思い出したりして、いろいろあったなあと感慨深いものがあるのではないでしょうか。

ふだんは目の前のことに追われているため、過去の自分と向き合うことなどほとんどないでしょうから、自分の人生史の大半は無意識の世界に埋没しています。

第1章では、これまでの人生を振り返るためのウォーミングアップをしてきましたが、過去の自分の姿をもう少し鮮明に浮かび上がらせるために、この章では記憶の素材集めをしてみましょう。

一つの記憶素材を思い出すだけでも、そこから連想が働き、さまざまな出来事やそれにまつわる思いが想起されていきます。記憶素材を掘り起こすことで、自分の人生史を彩る出来事やそれにまつわる思いがつぎつぎに蘇ってくるはずです。

懐かしく思い出される人

私たちの人生において、人との関わりはとくに大きな影響を持ちます。ある人との出会いが人生を方向づけるということもあります。

人生の各ステージにおいて、悩むことや迷うことが出てきますが、そんなときに胸の内を話せる親しい相手がいるかどうかで、自分の心理状態はずいぶん違ってくるものです。親友ができたり、恋人ができたりすると、人生の基調に大きな変化が生じたはずです。友情の破綻や失恋も同様です。学生時代には先生や先輩の影響も大きいでしょうし、就職してからは上司や同僚の影響も大きいのではないでしょうか。

懐かしい人として、高校時代の部活の先輩を挙げた人がいました。その先輩に部活のことだけでなく、いろいろと相談に乗ってもらったことを思い出すと同時に、当時クラスの人間関係で悩んだり、家庭の事情で悩んだりしていたことも思い出しました。

そうしたことは長らく思い出すことがなかったので、高校時代にそのようなことで自分が悩んでいたことを思い出したのは、まさに自分再発見だと言います。

そこからさらに連想が働き、高校時代のさまざまなことを思い出すだけでなく、小・中学校時代のことや高校を卒業してからのこともいろいろ思い出し、自分がどんな子ども時代や青春時代を過ごしてきたかがかなり鮮明になったと言います。

懐かしい人を一人思い出すだけでも、このように自分の人生史を彩る出来事や思いが無数に蘇ってきます。あなたは懐かしい人としてどんな人を思い出すでしょうか。まだ意識化されていない記憶の倉庫に分け入るような感じで、記憶素材を掘り起こしてみましょう。

懐かしく思い出される場所

思い出すと懐かしさが込み上げてくる場所というのが、だれにもあるのではないでしょうか。

幼い頃に過ごした家は、具体的にはあまり思い出せないという人でも、懐かしさを感じるものです。何度か引っ越しをした人の場合は、それぞれの家が懐かしさを伴って思い出されるはずです。子どもの頃に、夏休みになると親から離れて祖父母の家で過ごしたという人は、その頃の祖父母の家を懐かしく思い出すことができるでしょう。

自分が通っていた幼稚園、小学校、中学校、高校なども、いろいろな思い出が詰まっていて、懐かしい場所になっているはずです。

懐かしい場所として、中学校の教室を挙げた人がいました。机や椅子、黒板、教卓、廊下に面した壁の小窓、校庭に面した窓、教室の後ろにあった各自の荷物収納棚など、教室の様子がなぜか鮮やかに浮かぶと言います。

そんな教室の様子を思い浮かべていると、そこで一緒に過ごした仲のよかった友だちのことを思い出し、一緒に経験したさまざまなエピソードをつぎつぎに思い出していきました。授業中の光景も浮かんできて、好きだった授業や好きだった先生のことも思い出しました。

そのうち、当時悩んでいた人間関係のことを思い出したり、進路のことで悩んでいたことを思い出したりしました。もう何十年も思い出すことがなかったことばかりで、自分の中にこんな記憶が眠っていたなんてと感慨深げでした。

このように懐かしい場所を一つ思い出すだけでも、そこから連想が働いていろいろな出来事やそれにまつわる思いが蘇ってきます。あなたは懐かしい場所としてどんな場所を思い出すでしょうか。記憶の倉庫に分け入るようなつもりで思い出してみましょう。

懐かしく思い出されるモノ

部屋の中や押し入れの整理をしていると、思いがけないモノを発見し、懐かしい思いに浸ることがあります。それを手に取り、眺めていると、それにまつわるエピソードの記憶が呼び覚まされます。

何かのきっかけで、子どもの頃に親にねだって買ってもらったモノ、遠足や修学旅行で記念に買ってきた自分への土産、子どもの頃に誕生日プレゼントにもらったモノ、習い事やスポーツ大会などでもらった賞状や記念品、親や近所の友だちと野球をして遊ぶときに使ったグローブ、部活で使った楽器やテニスラケット、一時夢中になって集めていたフィギュア類や記念切手、旅行先で買った記念の品、美術展や映画のカタログ、コンサートやスポーツイベントの入場券、鉄道の記念乗車券など、思いがけないモノを発見することがあります。

懐かしいモノとして、小学生のときに使っていた野球のグローブを挙げた人がいました。当時は野球漫画が大流行《はや》りだったせいもあって、男の子の多くが野球で遊んでおり、自分も学校から帰ると毎日のようにボールとグローブを持ち出して住宅地とお寺の境になっている壁に向かってボールを投げて遊び、日曜日には友だちとつくった野球チームで練習をしたり、ときによそのチームと試合をしたりしたので、野球のグローブには思い出がいっぱい詰まっていると言います。

何十年ぶりかでそのグローブを押し入れの奥から取り出してみると、壁にストライクゾーンの印をろう石で描いていたこと、当時の友だちや野球チームのメンバーの顔、練習風景や試合の様子、思うようなバッティングができずに悔しい思いをしたことなどを思い出したりしました。そのグローブを父親と買いに行ったときのことも思い出しました。

そこから連想が働き、土曜の午後に仕事から帰った父親とよくキャッチボールをしたこと、連休や長期休暇には父親にハイキングやスポーツ観戦によく連れて行ってもらったことなど、父親とのさまざまなエピソードを思い出しました。その後いろいろあって冷え切った関係にある父親に関しても、自分の中に懐かしい思い出がこんなにあるんだと思い、父親のイメージがやや好転し、年老いた父親を何年ぶりかで訪ねてみようという気持ちになったとのことでした。

このように懐かしいモノを探し出すことで、そこから連想が働いてさまざまな出来事やそれにまつわる思いが蘇ってきます。あなたは懐かしいモノとしてどのようなモノを思い出すでしょうか。現実に手元にあるかどうかに関係なく、既に処分してしまったモノでもよいので、記憶の縁を漂うような感じで、懐かしいモノを思い出してみましょう。

懐かしく思い出される出来事

懐かしい人や場所、モノから連想が働いて懐かしい出来事を思い出すといった流れがあることを見てきましたが、とくにそうしたものを介さなくても、懐かしい出来事を思い浮かべることもできるのではないでしょうか。

懐かしい出来事についての記憶を呼び起こすことで、それにまつわる思いが蘇るとともに、連想が働いて、その頃の別の出来事を思い出したり、その頃つき合いがあった人を思い出したりするものです。

懐かしい出来事として、大学生のときの初めての一人旅を挙げた人がいました。何しろ初めてのことで不安もあったため、旅行ガイドブックや時刻表を駆使して、毎日の移動経路や所要時間を緻密に計算したことを覚えており、記憶を頼りにそのときの行程をたどっていくうちに、旅先でのさまざまな出来事を思い出したと言います。

観光地の見どころはもちろん思い出すけれども、とくに印象深いのは旅先での出会いだったと言います。その場限りの心温まる出会いもあったし、その後にまた会おうということになって後日集まった一人旅をしていた仲間たちのことが懐かしく蘇りました。

さらに連想が働いて、別の一人旅や友だちと一緒に出かけた旅行の記憶も蘇ってきて、青春時代の楽しい気分を数十年ぶりに味わうことになりました。そういえば自分は旅が好きだったと気づき、なぜだろうと考えているうちに、学校でも職場でもいつも馴染み切れない違和感のようなものを覚えていたことに思い至り、そんな窮屈な日常から束の間でも脱する試みが旅だったのかなと思ったそうです。そこからさらに幼い頃に連想が飛んでいき、すでに幼稚園の頃からなんとなく集団に溶け込みにくい感じがあったことを思い出しました。

このように懐かしい出来事が頭に浮かんだことがきっかけとなって、いろいろな記憶が蘇り、自分の生き方の根底にある性質への気づきが得られることもあります。あなたは懐かしい出来事としてどのようなことを思い出すでしょうか。記憶の縁を自由に漂いながら、懐かしい出来事を思い出してみましょう。

幼い頃の自分に出会ってみよう

さらに記憶を掘り起こすために、幼い頃の自分に出会ってみましょう。
幼い頃の自分についての記憶には、自分の生き方の特徴がうかがわれることが多いものです。フロイトやユングと並んで深層心理学の三大巨匠の一人とみなされるアドラーは、幼児期の記憶をとくに重視しますが、人生の意味と記憶との関係について、つぎのように述べています。

「(前略) 人が自分自身と人生に与える意味をすばやく理解するに当たって最大の助け

は、その人の記憶を通じてやってくる。記憶というものは、すべて、人がそれをどんなに些細なものと思っても、彼にとっては何か記憶に値するものを表わしている。（中略）経験それ自体は、まさにこの経験がしつこく記憶され、人生に与えられた意味を結晶させるために用いられているという事実ほど重要ではないのだということを強調しなければならない。すべての記憶は、ひとつの記念品《メメントー》なのである。」（A・アドラー　高尾利数訳『人生の意味の心理学』春秋社）

ちょっとわかりにくいかもしれないので、簡単に要約しつつ言い換えると、つぎのようになります。

「自分自身を、そして自分の人生を理解するために、もっとも役に立つのが記憶です。他人がそんな些細なことと思うようなことでも、それを記憶しているということは、本人にとって記憶する価値があるのです。人生の意味を理解する際には、何を記憶しているかが重要な手がかりになります。すべての記憶は人生の意味を象徴する記念品のようなものなのです。」

そしてアドラーは、つぎのように幼児期の記憶の重要性を指摘しています。

「幼児期の記憶は、各個人自身の人生への独特の取り組み方が、いかに長い間持続するものであるかを示すことにおいて、彼が彼の人生を最初に結晶させた諸事情を伝えてくれることにおいて、特に役に立つ。」(同著)

これもちょっとわかりにくいかもしれないので、簡単に要約しつつ言い換えると、つぎのようになります。

「人生に対する特徴的な姿勢を象徴しているのが幼児期の記憶です。それは、本人が人生をどうとらえているかを知るのに大いに役立ちます」

このように幼い頃の記憶は、自分の人生を理解するに当たってとくに重要な手がかりを与えてくれます。でも、よほど記憶力のよい人でない限り、幼い頃の記憶が鮮明に脳裏に浮かぶということはないでしょう。でも、自分の人生をもっと理解したい。そんなときに試してみるとよいいくつかの方法があります。

❶子ども時代の懐かしい場所に行ってみる

懐かしい場所に行くと、あたかもその場所に自分の記憶が格納されていたかのように、そこにいた頃の記憶が蘇ってくるものです。それほど鮮明な記憶でなかったり、前後の流れがよくわからなかったりするかもしれませんが、幼い頃の自分の様子や周囲の光景が、靄《もや》の中からぼんやりと浮かび上がってきます。

子どもの頃に住んでいた家や街、かつて通った幼稚園や学校、毎日通った通学路、よく遊んだ公園や路地裏、親と一緒によく買い物をした商店街やスーパーマーケット、親に連れられて出かけた遊園地や動物園、家族旅行で訪れた場所など、子ども時代の懐かしい場所はいくらでもあるはずです。そうした場所を久しぶりに訪ねてみると、何十年も無意識の中に眠っていた記憶が蘇ってきます。

たとえば、小学校の門の前に立つと、小学校時代の記憶が発掘されます。その当時のさまざまな出来事が、走馬燈のようにつぎつぎに浮かび上がってきます。それと同時に、それにまつわる自分の気持ちも思い出します。

子どもの頃よく遊んだ公園に行けば、当時の光景が蘇り、友だちと遊んだときのさまざまなエピソードが発掘されます。

一つの記憶が蘇ると、そこから連想が働いてその当時の記憶がつぎつぎに浮かんできて、とても懐かしい思いに包まれるものです。ぜひ試してみてください。

森鷗外の次女の小堀杏奴《こぼりあんぬ》は、父鷗外について回想している「思出」というエッセイの中で、つぎのように記しています。

「私はこの頃になって出来るだけ父の事について書き残して置きたいと思うようになった。（中略）忘れるという事はなくても、なんとなく段々と年月を隔てて影の薄くなってゆくその思出を、断片的であっても、少しずつ記して行けたらどんなに嬉しい事だろう。

それほど、死んだ父は私にとって懐《なつか》しい思出を持つ人である」（小堀杏奴「思出」『晩

年の父』岩波文庫）

そして、最も思い出深い場所として、よくチョコレートを買ってもらった本郷三丁目の青木堂や銀座の資生堂、上野の精養軒などを挙げています。青木堂のことを思うと、当時の出来事が思い出され、そこに父親の姿が懐かしく浮かび上がってくるといい、その様子を具体的に書き記しています。

詩人、小説家、劇作家、評論家、画家、映画監督、脚本家とさまざまな顔を持つジャン・コクトーは、子どもの頃に住んだ街を歩き、当時の記憶が蘇ってきたときのことを記しています。

子どもの頃に住んでいた家を見ても、とくに何も思い出さなかったコクトーは、子どもの頃、学校からの帰り道、いつも近所の街並みを目を閉じて、右手で建物や街灯の柱をなでながら歩いたのを思い出しました。そこで、同じように指でなぞりながら歩いてみました。でも、とくに何も思い出しません。そのとき、あの頃はずっと背が低かったことを思い出し、当時と同じ感触を得るために、今度は腰をかがめて低い位置に指をあて、目を閉じてなぞって歩きました。すると、突如として子どもの頃の世界が蘇ったのです。

「蓄音機のレコードの表面のぎざぎざの上を針がこするのと同じ現象によって、わたしは思い出という音楽を聞くことができた。わたしはすべてを再び見出したのだ。わたしの短マント、ランドセルの皮、一緒に通学した友人の名、先生たちの名前、わたしが言ったある文句のそのままや、私の祖父の声の響き、彼の口髭のにおい、そして姉さんとママの服地のにおいとを」（高橋洋一訳『ジャン・コクトー全集 Ⅵ』東京創元社）

❷子どもの頃のアルバムを開いてみる

写真も過去の記憶を呼び覚ます力を持っています。子どもの頃のアルバムをパラパラめくっていくと、その当時のことが懐かしく思い出されてきます。

幼児期や児童期の写真を見て、懐かしさが込み上げてきても、具体的な記憶は引き出せないことが多いものです。でも、それがきっかけとなって、長年にわたって埋もれていた記憶が徐々に引き出されてきます。

たとえば、遊園地で写した家族写真を見ても、そのときどの乗り物に乗ったか思い出せなかったりしますが、遊園地で家族と楽しく過ごしたことはわかります。そこから連想が広がり、家族で海水浴に行ったことを思い出したり、そのとき磯で蟹と遊んだことや日に焼けて肩の皮が剝けたことなど、具体的なエピソードを思い出したりするでしょう。

小学校の遠足の写真を見ても、そこがどこなのかわからないかもしれません。あるいは、そこがどこかわかっても、具体的なエピソードは思い出せないかもしれません。でも、一緒にいる友だちの顔を見ているうちに、当時の交友関係を思い出し、そう言えばこんなことがあったなと具体的エピソードがいくつも記憶の縁から浮上してきたりします。

作家の向田邦子は、小学校5年生のときに鹿児島の家の庭で家族7人で写した記念写真を見ながら、当時を懐かしく回想しています。

「明日は写真屋さんが来るとなると、前の日に子供たちは床屋へ行かされた。当日は朝早く起き――別に、早起きしなくてもいいのだが、興奮して寝ていられないのである。玄関に靴をならべて何べんも磨いたり、前の晩から母が用意してくれたよそゆきの洋服をさわったりしてはしゃいでいる。私は、二、三日前から鼻の頭におできが出来、写真を写す日が近づいているのに一向に治らない。気にして掻いたのが余計に障ったらしく赤く腫れていた。水で冷やしたり何度も鏡をのぞいてベソをかいていたら、父に、

『お前の鼻を写すんじゃない』

とどなられた。母が、

『今日だけは怒らないで下さいな。どなると（子供たちの）顔に出ますから』

と頼んでいる。

『オレがいつ怒った。何いってんだ』

ともう怒ったりしている。」（向田邦子『父の詫び状』文春文庫）

このように1枚の写真から、その写真を無事撮影するまでのエピソードが思い出されるとともに、当時の自分の気持ちや父親の様子がいきいきと蘇ってきます。連想は

さらに広がっていき、この写真と直接関係のない当時の懐かしい風景や匂いまでもが記憶の倉庫から引き出されたようです。

「もっとよく見ていると、家族七人のうしろに、写ってはいない桜島の姿が見えてくる。裏山に生い茂り、大風の日に雨戸を叩いて落ちてきた夏みかんや枇杷《びわ》の匂いがしてくるのである。」(同著)

家族の記念写真を写真館で正式に撮っているような家庭は今では少ないと思いますが、何かの折に撮ったスナップ写真なら探せば見つかるのではないでしょうか。

家の近所で撮った写真、初詣の際に撮った写真、幼稚園や小学校の運動会や学芸会の写真、幼稚園や小学校の遠足の写真、行楽地に出かけたときの写真、家族で海水浴に行ったときの写真など、子どもの頃の写真を引っ張り出して、それらを眺めながら回想に耽ってみましょう。きっと、それぞれの写真を写した当時の出来事や人間関係、それにまつわる自分の思いなど、なんらかの記憶が蘇ってくるはずです。

❸子どもの頃の懐かしいモノを引っ張り出してみる

子ども時代に住んでいた家に今も住み続けている人は、子どもの頃のおもちゃなどガラクタ類がいろいろ残っているのではないでしょうか。今は別の家に住んでいても、実家がそのまま残っている場合、実家で断捨離などされていなければ、子どもの頃のガラクタに出会うことが期待できます。

子どもの頃のガラクタを引っ張り出してみると、とても懐かしい気持ちになり、その当時の記憶が蘇ってきます。

たとえば、私の場合、ビー玉が出てきたときは、砂場につくった砂山の通路を転がす競争をしたことや、部屋に斜面をつくって転がして遊んだことなどを思い出しました。電車の切符がいくつも出てきたときは、当時親からもらう切符を集めていたことを思い出すとともに、駅員さんに憧れて切符を切るおもちゃを買ってもらい、広告の紙などを切って遊んだことを思い出しました。貝殻を集めて標本にしたものが出てきたときは、海水浴に行って貝殻集めをしたときのことを思い出すとともに、昆虫採集をして、死んでしまった昆虫に防腐剤などを注入して標本をつくったことも思い出しました。その他にも、さまざまなガラクタと出会うごとに、当時の記憶が引き出されるのでした。

私は引っ越しが多かったので、その都度荷物整理でガラクタを捨てられてしまいましたが、あれがあったらよかったのにと思う貴重な思い出深いモノが記憶の中にだけ、いくつか存在しています。

単なるモノではなく、子どもの頃につくった作品、描いた絵、作文などがあれば、それらも記憶を引き出す貴重なきっかけとなります。とくに作文には当時の思いが綴られているでしょうから、その頃の自分の生活の様子がありありと浮かんだりします。未熟ながらも将来の夢が綴られていることがあるかもしれません。

思春期・青年期の自分に出会ってみよう

思春期・青年期というのは、心の内面に目が向かうことに伴い、「自分らしさ」や「理想の自分」を意識しながら主体的に自己形成が行われる時期です。心の内面を共有できる親友との出会いがあったり、読書などを通じて共感できる価値観に出会ったり、自分の性格や進路について悩んだり、恋愛感情に揺れ動いたりする時期でもあります。

最近のことほどよく覚えており、昔のことほど思い出せないというのが一般的な記憶の法則ですが、自伝的記憶に関しては例外があることが、心理学の実験でわかったのです。最近のことほどよく思い出されるという一般的法則に則った傾向のほかに、10代〜20代の頃の出来事がそれ以降の出来事よりも多く思い出される傾向が見られるのです。それがバンプあるいはレミニッセンス・ピークという現象です。

40歳以上の人たちを対象とした調査結果を見ると、最近のことほどよく思い出すという全体的な傾向は見られるものの、例外的に10代〜20代の頃のことはよく思い出すことがわかります。そのため、想起量のグラフを描くと、10代〜20代のところが盛り上がっています。

では、なぜ10代〜20代の頃のことはよく思い出すのでしょうか。それは、自分の成り立ちをうまく説明するエピソードがとくに選ばれて自伝的記憶に組み込まれていくという原理が働いているからだと考えられます。

10代〜20代は、自我の目覚めがあり、さまざまな心の揺れや葛藤を経て自己を確立し、自分を社会に押し出していく時期です。そこでは、その後の人生を方向づける出来事がたくさん押し寄せます。

友だち関係が良好であれば、その後も積極的に人間関係をこなしていけるでしょうが、友だち関係がうまくいかず孤立気味だと、その後も人間関係に消極的になりがちです。人生について語り合える親友ができれば、進学や就職について落ち着いて検討できるでしょうが、そのような親友ができないと何かにつけて不安になりがちです。

恋愛や失恋の経験は、その後の異性に対する姿勢に影響するでしょう。

受験の成否は自信の程度を決定づけるでしょうし、どのような学校に進学するかで友人関係も含めて価値観の形成や生き方が大きな影響を受けるはずです。

就活がうまくいくかどうかも自信の程度を決定づけるでしょうし、どんな仕事に就くかは、その後の人生を大きく方向づけることになります。

結婚するかどうか、どのような相手と結婚するかということも、その後の人生を大きく方向づけるはずです。

このように見てくると、10代~20代には、親友との出会い、恋愛・失恋、受験・進学、価値観の形成、就職、結婚など、その後の人生を大きく左右する出来事が集中しています。それらは人生観や人間観を揺さぶり、人生行路を方向づけるものとなり、自己の成り立ちを説明するのに不可欠なエピソードとなっています。それゆえによく覚えているのです。

そのような意味で重要な時期となる思春期・青年期ですが、過去を振り返る習慣がなく現実に追われて生きてきた人の場合、具体的なエピソードをあまり思い出さないということもあるでしょう。そのときはつぎのような方法を試してみましょう。

❶日記を開いてみる

思春期になる頃には、抽象的思考が可能になるとともに、自分の内面に目が向くようになります。自意識の高まりとともに、クラスの友だちと比べて「自分はなんでこうなんだろう」と自分の性格や能力について悩み自己嫌悪に陥ったり、人間関係のもつれから「どうすればいいいんだろう」と頭を悩ませたり、「友だちからどう思われているんだろう」と心配したり、「自分はどんな仕事をしたいんだろう」「自分にはどんな仕事が向いているんだろう」と思い悩んだり、「将来、自分はちゃんと稼げるだろうか」「その前に受験はうまくいくだろうか」などと不安に苛《さいな》まれたり、何かと心が揺れ動きがちになります。

そこでは自分自身との対話がしきりに行われます。思春期に日記をつけ始めたけれど、大人になるうちにいつの間にか日記をつけなくなっていたという人が多いのも、日記をつけることが自分自身との対話になっているからです。

そんな心の内面が綴られている日記は、過去の自分と出会うことを可能にしてくれる貴重な財産と言えます。

自己の内面が克明に記された日記を残したことで知られる石川啄木は、文学で身を立てようと決意し、16歳で東京に出たのですが、東京に出たばかりの頃の日記には、つぎのような記述が見られます（以下、『石川啄木全集　第五巻　日記一』筑摩書房より）。

「人は安閑として居るうちに己れの才を失ふことあり注意せざるべからず。」（明治

三十五年十一月十九日）

「午後図書館に行き急に高度の発熱を覚えたれど忍びて読書す。」（十一月廿二日）

「朝目覚めて、心地尚平常の如く快からざるを覚えたれどつとめて一日イブセンのJohn Gabriel Borkmanを訳出す（十三頁まで）」（十一月廿三日）

「夜十一時までに『ボルクマン』読み了る。」（十一月廿四日）

「イブセンのボルクマン訳す。

余はこの頃健康の衰へんことを恐る。」（十一月廿五日）

「英訳。」（十一月廿六日）

「一日英語。

夕方三丁目の後方の芝地にてゴルキイ読む、」（十一月廿七日）

「イブセン訳述。」（十一月廿八日）

「今訳しつゝある『死せる人』（イブセン）は早く脱稿して出版せしめん。（中略）吾は吾信ずる所に行かんのみ、世の平凡者流の足跡を辿るが如きは、高俊の心ある者の堪えうる所に非ざるなり。」（十一月卅日）

このような日記の記述には、啄木の強烈な自己実現欲求に導かれた向上心と勤勉性が如実に表れています。東京で新詩社に出入りして、多くの文学青年たちに刺激され、ときに圧倒されることもあったでしょうし、負けじと必死になって文芸上の知識の吸収に励んだのでしょう。上京してからの生活は、ほぼ毎日図書館に通ったり、下宿にこもったりして、海外の文献の読み込みに没頭しています。安閑としては駄目だと自らを戒め、熱が出て気分がすぐれなくても休むことなく読書に励み、外国語の本を翻訳しながら吸収しようとしています。そんな毎日を過ごしていれば、当然無理がたたって健康を害しがちですが、健康のことを気にしながらも、イプセンやゴーリキーの作品に没頭しています。

あなたがもし日記をつけていた時期があるなら、そして今も残っているなら、引っ張り出してみましょう。過去の自分が記した日記を開くのは、気恥ずかしさもあり、抵抗があるかもしれません。でも、そこには長らく忘れ去られていたかつての自分が息づいているのです。思い切って開いてみましょう。新たな自己発見が必ずあるはずです。

❷ 懐かしい曲を聴いてみる

ふとした瞬間に何気なく思い出すことを、心理学では無意図的記憶あるいは不随意記憶と言います。

マドレーヌを紅茶に浸して口にした瞬間、なんだかわからないけれども、素晴らしい快感が走り、身震いしました。漠然とした心地よさの正体を見極めようと精神力を集中していると、突如として、子どもの頃、よく叔母が紅茶か菩提樹のお茶に浸して差し出してくれたマドレーヌの味を思い出しました。すると、叔母の部屋があった古い家や庭の光景が浮かび、それをきっかけに、長年忘れていた当時過ごした村の人々、庭園の花々、川の睡蓮、小さな家々、教会、近郊の風景などが、はっきりとした形を取りながら、その一杯のお茶の中から町となり庭となって立ち現れてきたのでした。

これは、プルーストの『失われた時を求めて』の中に記されている有名なエピソードですが、まさに無意図的記憶の典型と言えます。プルーストは、意図的な記憶が過去を歪めているのに対して、このような無意図的記憶、つまり匂いとか味とかをきっかけにふと思い出される記憶こそが、鮮やかで価値のあるものだと言います。

このように、味覚や嗅覚、触覚、視・聴覚など、いわゆる五感のいずれかが刺激されることで、すっかり忘れていた遠い過去の記憶が突然蘇ってくることがあります。なんとなく懐かしさを感じるのは、埋もれている過去の記憶が活性化されつつあるからです。

プルーストのように味覚や嗅覚を刺激されたのがきっかけになることもありますが、実際には聴覚的刺激によって埋もれていた記憶が喚起されることのほうが多いのではないでしょうか。その典型が、昔よく聴いた曲に感じる懐かしさです。懐メロという言い方自体、昔よく聴いた曲の記憶喚起効果により懐かしさが込み上げてくることを表すものと言えます。

喫茶店や居酒屋などで、若い頃に聴いた曲が流れてくると、懐かしさが込み上げてくるだけでなく、その曲が流れていた頃の記憶が突然蘇ってきたりします。「あの店で友だちとしゃべっているときにこの曲が流れていたな」「あの頃つき合っていた人と飲みに行った店でこの曲が流れていたな」「この曲、あいつが好きだったな」「よくカラオケでこの曲を歌ったな」などと、直接その曲を聴いたときのことを思い出すだけでなく、「あの曲が流行っていた頃は青春の真っ直中で、本当に楽しかったなあ」「失恋して落ち込んでいたのは、あの曲が街で流れていた頃だったなあ」などと、その曲をよく耳にした時代のことを思い出したりします。

そうした意味でも、若い頃の自分に出会うためには、当時よく聴いた曲を聴いてみるのがいいでしょう。

❸かつて心を動かされた映画やテレビドラマを観てみる

若い頃に観て感動した映画、感動という感じではないけれどもとても面白かった映画、心に染みたテレビドラマ、話の展開が気になり毎週楽しみにしていたり、登場人物に感情移入して心の居場所にしていた連続テレビドラマ、そのようなものはないでしょうか。

映画やテレビドラマは、登場人物の声やセリフ、表情や仕草、背景となる音響や風景など、あらゆる視聴覚情報を駆使して、観る側の気持ちを揺さぶってきます。

記憶の原理として、強く心を動かされたときの記憶は定着しやすいということがあります。

紙に書いて記録するということができなかった時代の記憶術として、この記憶の原理を利用して、じつに恐ろしいことが行われていました。

7歳くらいの子どもを選び、覚えるべき出来事をじっくり観察させたうえで、川に投げ込んだというのです。それにより、その重要な出来事はその子の記憶にしっかりと刻まれ、生涯忘れることはなかったようです。つまり、数十年にわたって、その出来事の記憶が保持されたのです。記憶の保持期間を長くするには、この先長く生きる小さな子が必要だったというわけです。

このようななんとも乱暴な記憶術ですが、川に投げ込まれるという恐怖体験によって、強い情動がかき立てられ、それにより記憶の定着が強化されたと考えることができます。

たとえば、毒蛇を見たときに恐怖を感じたり、崖から足を滑らせそうになったときに恐怖を感じたりしますが、そのように強い情動が喚起されたときのことはなかなか忘れないでしょう。そうした状況をしっかり記憶することは、危険から身を守ることにつながります。そのような意味において、情動がかき立てられることで記憶が定着しやすくなるというのは、きわめて適応的な心理機能ということができます。

情動が喚起されることで記憶が定着しやすくなるというのは、心理学の実験によっても確かめられています。

その実験では、「キス」「嘔吐」「強姦」といった強い情動を喚起するものと、「試験」「ダンス」「お金」「愛」「水泳」といったそれほど強い情動を喚起しないもの、計8つの単語を1桁の数字と対応づけて記憶させました。実際、「キス」などの3つの単語によって強い情動が喚起されることが、生理学的検査によって確認されました。

そして、1週間後に記憶テストをすると、情動を強く喚起する単語と数字の組み合わせのほうをよく覚えており、強い情動が記憶を強化することが、科学的に実証されたのです。

ゆえに、若い頃に心を動かされた映画やテレビドラマには、当時の記憶を喚起する力があると考えられます。

若い頃に観た映画やテレビドラマを久しぶりに観ると、当時どんな思いで観ていたかを思い出したり、だれと一緒に観たとか、これについてだれと話したとか、当時のさまざまな記憶が蘇ってきます。聴覚的記憶も喚起され、主題歌を思い出し、それがまた刺激となって当時の記憶が蘇ったりすることもあります。

若い頃に心を動かされたはずなのに、まったく心が動かず、なぜこれに感動したのだろう、このどこに心を動かされたのだろうと、不可解に思うこともあるかもしれません。それは、当時と今とで自分の心の状態が大きく違っていることを表しており、自分の成長あるいは変化を知る手がかりにもなります。

このように、当時の自分と出会い、そこから今に至る自分の流れを知るヒントを得ることが期待できるので、若い頃に心を動かされた映画やテレビドラマを観るのもよいでしょう。

❹ 若い頃に読んだ本を読み返してみる

本というのは、日記と違って自分が書いたものではないのに、若い頃に読んだ本を改めて読むことで、どうして当時の自分に出会うことができるのかと思うかもしれません。たしかに本は日記と違って他人が書いたものかもしれませんが、読んでいるとき、文章によって自分の心の内面が引き出されているのです。

本を読んでいるときはその世界に入り込んでいると思うかもしれませんが、そこで味わっているのは物語や作家の人生観や人間観に刺激された自分自身の心の世界なのです。

「この本を読んでとても感動したんだ。ぜひ読んでみて」と勧められた本を読んでも、まったく気持ちが動かず、なんでそんなに感動したのだろうと不思議に思うことがあるはずです。人によって面白いと思う本が違ったり、感動する本が違ったり、作家の主張に共感する本が違ったりするのも、私たちは本を読みながら自分自身と対話しているようなところがあるからです。

このことからわかるのは、若い頃に読んだ本を読めば、当時の自分の思いや経験していたこと、自分が置かれていた状況などを思い出すことができるかもしれないということです。

たとえば、若い頃に作者の主張に非常に共感し、線をたくさん引きながら興奮して読んだ本なのに、今改めて読み返してみても月並みに感じ、とくに興奮するようなこともないというようなことがあるかもしれません。それは自分自身の心の状態が変わったからといえます。

本に書かれている内容が変わるわけがないのだから、変わったのは自分のほうです。当時は目から鱗だった作者の意見も、今の自分にはごく当たり前のことに過ぎないということなのかもしれません。あるいは、人生経験を重ねるにしたがって、自分自身の人生観が変わったということなのではないでしょうか。

では、自分のどこが変わったのだろう、当時の自分はどんなことを考えていたのだろう。そのように思いをめぐらすことで、当時の自分を再発見するきっかけがつかめるかもしれません。さらには自分自身の成長を実感することができるかもしれません。

自分の本棚を見ると、「この本は面白かったな」「この本には刺激を受けたな」と懐かしく思うものも並んでいると思いますが、「こんな本も読んでいたんだっけな」「なんでこんな本を読んだんだろう」などと思うものも並んでいたりするものです。同じ人間でも、そのときに置かれた状況によって求めるものも違えば、迷ったり悩んだりする内容も違います。また、さまざまな経験を積むことで、価値観に変化が生じたり、感受性が違ってきたりするものです。

だからこそ、若い頃に読んだ本を読んでみることで、今は忘れてしまっている当時の自分の思いや置かれていた状況を思い出すきっかけが得られるのです。当時の自分がどんな気持ちで日々を過ごしていたのか、どんなことで悩んでいたのか、何を求めていたのか、何を諦めたのか。若い頃に読んだ本を読み返すことで、そうしたことを思い出し、当時の自分を発掘することができるかもしれません。

❺若い頃に行った懐かしい場所に行ってみる

幼い頃の自分に出会う場合と同じく、若い頃の自分に出会うにも、当時の懐かしい場所に行くことでなんらかの手がかりが得られるはずです。

かつて通った中学や高校の門の前に立ったり、校舎や校庭を眺めたりしていると、学生服を着た友だちや当時の自分の姿が思い出されたり、友だちと遊んでいる姿や部活に励んでいる姿が浮かんできたりするのではないでしょうか。通学路をたどってみても、友だちとしゃべりながら歩いた記憶や途中の公園や店で寄り道をした記憶が蘇ってきたりするものです。

学生時代に友だちと語り合った喫茶店や居酒屋がまだ残っていることはあまりないでしょうが、もし残っていたらぜひ入ってみましょう。内装は変わっていても、同じ店にいると思うだけで、友だちと語り合う姿が思い浮かんだり、話した内容をごく一部でも思い出したりするかもしれません。

学生時代に友だちと旅行に行ったり、サークルとかの合宿をしたり、一人旅をしたりしたことがあれば、そのとき訪れた場所に行ってみるのもよいでしょう。40年ぶりに訪れたとなれば、当時とは様子が違っているでしょうし、最寄り駅も随分変わってしまっていると思いますが、当時の駅前の様子や入った店のことなどを思い出したりするものです。当時旅行でたどった道筋を思い出したり、みんなで合宿をしているときの様子が蘇ったりするかもしれません。

具体的な光景を思い出すことがなくても、当時の友人関係を思い出したり、当時悩んでいたことを思い出したりというように、自分の内面に触れることができるのではないかと思います。

成人前期や中年期の自分に出会ってみよう

学校を卒業し、社会に出て働き始めた頃は、大人として新たな世界に乗り出したわけですから、緊張感もあったでしょうし、今から振り返っても、いろいろと思い出深いことがあるのではないでしょうか。

就職してから職場や仕事に馴染むまでは、目新しいことばかりで、職務上の役割や職場の人間関係に適応するのにさまざまな苦労があったことでしょう。

30代の働き盛りを迎える頃には、仕事にも職場の人間関係にも馴染んでいるでしょうし、仕事に追われ、自分の生活を振り返る暇もない日々を過ごしてきて、あっという間に30代を通過したという人も多いと思います。

結婚して自分中心の生き方が変わってきたという人もいるでしょうし、子どもが生まれてますます自分中心の生き方から脱せざるを得ず、仕事と親としての役割の両立をめぐる葛藤に苛まれた人もいるでしょう。

あるいは、結婚して退職し、子育てに専念していたという人もいるでしょう。子育てても休み時間や休日のない仕事なので、自分の生活を振り返る暇もなく30代を通り過ぎたという人も多いのではないでしょうか。

40代になり、仕事が軌道に乗ってきたり、逆に先が見えてきてモチベーションが下がったりして、自分を振り返る余裕が出てくると、この先どうすべきか、このまま惰性に流されてしまっていいのだろうか、家庭をないがしろにして仕事一辺倒の生活でいいのだろうか、これが自分がほんとうに望んでいた生き方だったのだろうか、生活を変えるなら今のうちだ、などといった心の声が聞こえてきて、迷い始めます。

あるいは、子育てに専念してきた人の場合は、この先いつまでも子育てが続くわけではないし、子どもが巣立ったら自分は何をして過ごせばいいのだろう、世の中の動きから取り残されてしまっているけれどこのままなんの準備もしないで大丈夫だろうか、などといった心の声が聞こえてきて、不安が募ります。

そうした中年期の危機といわれる時期には、自分の生活を振り返り、あれこれ思いをめぐらすこともあったかと思います。

このように大人としての人生をさまざまな思いを抱えて生きてきたはずですが、あまりにいろいろなことがあり過ぎて具体的なエピソードをあまり思い出さないという人もいるかもしれませんし、忙しくて自分の生活を振り返ることなく過ごしてきたという人もいるでしょう。その場合は、つぎのような方法を試してみましょう。

❶手帳を開いてみる

大人になってからは、目の前のすべきことに追われ、日記をつける余裕がなかったという人が大多数だと思います。でも、日々の予定を書き込む手帳くらいはつけていた人が多いのではないでしょうか。

手帳には、いつの何時にどこに行く、だれと会う、というような簡単な予定の記述しか記されていないでしょうが、それだけでも、「このとき、あの映画館に行ったんだったな」「この日、彼とあの店で待ち合わせたんだったな」「あの頃は、あの人とよく会っていたんだったな」「この年は、あの店によく通っていたんだな」「あそこに旅行したのはこんなに前だったんだなあ」などと、記憶を蘇らせる手がかりがいっぱい詰まっています。

このように手帳は、あっさりとした記述しかありませんが、日記と同じように過去の記憶を蘇らせる絶大な威力を持っています。

❷かつての行きつけの店に行ってみる

学生時代にも行きつけの店があったという人はいるでしょうが、大人になってからのほうが経済力もあり、仲間と食事したり飲みに行ったりというつき合いも増えるでしょうから、行きつけの店があったという人も結構いるのではないでしょうか。

店の変遷が激しい時代ですが、もしそうした店が今も残っているなら、そこを訪ねてみると、「あの頃、この店でこんなことを考えながら、一人で飲んでいたなあ」「あの連中とよくこの店でいろいろ語り合っていたなあ」などと、当時の自分の様子が記憶の倉庫から浮かび上がってくるはずです。

そうした店が、今は跡形もなくなっているというのもよくあることです。その場合も、その店があった界隈を歩き回ってみると、当時の自分の姿が記憶の彼方から浮かび上がってきたりします。ぜひ試してみましょう。

❸当時の人間関係を振り返ってみる

学生時代は気の合う友人とつき合っていればよかったわけですが、社会に出るとそういうわけにはいきません。職場にいる苦手な相手とも関わらなければならないし、嫌みを言ったり嫌な態度を取ったりする相手と協力し合って仕事をしなければならないこともあったでしょう。思い出すたびにムカついてくるような態度を取る横暴な取引先の担当者と良好な関係を保たなければならないというようなこともあったかもしれません。

このように、大人になってからは、価値観や性格の合わない相手とも関わりを持たねばならないため、人間関係のストレスが非常に高まります。職場のストレスとして、仕事そのものによるストレスより人間関係のストレスのほうが深刻だという人も珍しくありません。

そんなストレス源になる人間関係ですが、そうしたストレスを和らげてくれるのも、じつは人間関係、つまり心の支えになるような人間関係です。親しい友人や恋人、配偶者など、身近な人間関係が支えになれば過酷な人間関係のストレスを軽減できます。

そこで、20代の頃、30代の頃、40代の頃などと大まかに時期を区切り、当時の人間関係を振り返ってみれば、「あの上司との人間関係にはずいぶん悩まされたなあ」「あの同僚は、ほんとうにえげつないやつだったなあ。今思い出してもムカついてくる」「あのママ友はほんとうに意地が悪くて、つき合うのに苦労したなあ」「理解のある彼女と話すことで、ずいぶん気持ちが癒やされたなあ」「話が通じる彼がいなかったら、あの職場を飛び出していたかもしれないな」「つらい時期だったけど、あの先輩の励ましに大いに助けられたなあ」「子ども連れでつき合える彼女がいたお陰で、子育てのストレスもずいぶん軽減された気がする」などと、当時の出来事や自分の気持ちがいきいきと蘇ってくるのではないでしょうか。

❹印象に残っている映画やテレビドラマを思い出してみる

仕事や子育てに忙しかったにしても、ちょっとした空き時間に録画しておいたテレビドラマを楽しんだり、たまに映画館に出かけたりしたという人もいると思います。中には遊びに出る余裕がなかったから、連続テレビドラマだけが息抜きの楽しみだったという人もいます。

20代の頃、30代の頃、40代の頃などと大まかに時期を区切り、当時観た映画やテレビドラマを記憶の中から探し出してみると、「この映画を観たのはあの映画館だったかな。あの頃はあの街によく行ったものだな」「あの映画は、仕事の合間に一人で観た覚えがある。自分の気持ちと主人公の気持ちが重なる部分があって、けっこう心に染みた気がする」「このドラマを楽しみにして夫婦で一緒に観ていたなあ。あの頃は仲よかったんだなあ」「あのドラマを夢中で観ていたけど、自分自身はなんか閉塞感があって暗い時期で、ドラマの世界が束の間の逃げ場になっていた感じがあったな」などと、それを観た頃の自分自身の状況が思い出されたりします。

さらに、もし可能であれば、その映画やテレビドラマを実際に観てみると、懐かしさが込み上げてくるとともに、それを観た当時の自分自身の状況が、より具体的に思い出されてくるものです。

❺懐かしい曲を聴いてみる

若い頃の場合と同じように、大人になってから聴いた曲、とくに懐かしさを感じさせる曲には、よく聴いていた頃の自分自身の状況や気持ちが付着しているものです。

20代の頃、30代の頃、40代の頃などと大まかに時期を区切り、好んで聴いた曲や街中でよく耳にした曲を思い出してみると、「そういえば、あいつもこの曲が好きで、CDを貸してやったなあ」「あのアーティストが好きな同僚がいて、意気投合して音楽談議をしていたっけ」「上司と折り合いが悪くて、転職しようか悩んでいたのは、あの曲がヒットして、よく街中で流れていた頃だったな」「仕事でとんでもない失敗をして落ち込んでいたとき、よく耳にしたのがあの曲だったなあ」「単身赴任で外食ついでに一人で居酒屋に通っていた頃、あの曲がよく流れていたなあ」などと、長年すっかり忘れていた当時の出来事や自分自身の状況を思い出したりします。

懐かしい曲を思い出してみるだけでなく、実際に聴いてみると、その当時の出来事や自分自身の状況について、さらに詳細に思い出すことができるかもしれません。

❻ 出張や旅行で訪れた土地を思い出してみる

懐かしい場所に行ってみると、当時の記憶が、あたかもその場所に貯蔵されていたかのように思い出されるということがあります。ゆえに、出張や旅行で訪れた土地を片っ端から再訪してみれば、埋もれていた記憶がつぎつぎに蘇ってくるはずです。

しかし、大人になってから30〜40年も経つと、出張や旅行で訪れた土地もかなりの数に上るでしょうし、近場とは限らないので、片っ端から再訪することなど、実際にはなかなかできるものではありません。

そこで、次善の策として、出張や旅行で訪れた土地のことを思い出してみるのがよいでしょう。「仙台に出張したのは、20代の半ば頃だっけ」「福岡に出張したのは、30歳前後の頃だったかな」「金沢に出張したのは、40代になった頃だったかな」「京都には旅行で何度も行ったなあ」「家族旅行で伊豆によく行ったのは、子どもたちが小学生だったから、40歳前後の頃だったかな」などと、どこにいつ頃行ったかを思い出してみましょう。

そうしてみると、「仙台に行ったついでに松島に行ったなあ。遊覧船に乗りながら、当時つき合っていた彼女のことを考えていた気がする」「福岡支店の人に中洲に連れてってもらって、屋台でラーメンを食べながら、会社のこともいろいろ教えてもらったなあ」「金沢に行ったときは、金沢にいた学生時代の友だちに連絡を取って、近江町市場や香林坊に連れて行ってもらったなあ。久しぶりに会ったから、学生時代のいろいろな友だちの話で盛り上がったなあ。あれがきっかけで、その後の長いつき合いが始まったんだった」「嵯峨野のお寺を見て回ったのは、仕事で行き詰まったときだった。どこのお寺でも、庭を眺めたりしながら自己との対話をしていたように思う。かなりつらい時期だった」「子どもたちと伊豆の海や山で遊んだのは楽しかった。いろんなハプニングがあって大変なこともあったけど、よい思い出だなあ」などと、具体的な出来事や自分の状況が思い出され、とても懐かしい気持ちになるはずです。

自分らしさは具体的な出来事やそれにまつわる思いの中にある

人生を振り返り、自分はどんな人生を送ってきたのか、これからどんなふうに生きていくのがよいだろうかと考えるとき、気になるのは自分らしさだと思います。どんなふうに生きるのが自分らしいのか、どうすれば自分なりに納得のいく人生になっていくのか。そこにあるのは自分らしさへのこだわりです。

自分らしく生きたいというのは、だれもが思うことでしょう。せっかくこの世に生まれ、一度きりの人生を生きているわけですから、できることなら自分らしい人生にしたい、自分なりに納得のいく人生にしたいというのは、だれもが願うことではないでしょうか。

ただし、厄介なのは、その自分らしさというのがよくわからないということです。最も身近な存在である自分が、じつはどうにもつかみどころがなく、はっきりしません。「ここにいる自分」ははっきりと実感できても、それをとらえることができません。

それに対して、自分の特徴を思い浮かべてみようと言われ、自分に当てはまる特徴を並べてみるということがよく行われます。心理学の世界でも、たとえば20答法（アメリカの心理学者、クーンとマックパーランドが作成した自己分析のテスト）を用いて自分の特徴を思いつくままに20個挙げるということが行われたりします。

たとえば、名前、所属や社会的地位、容姿・容貌などの外見的特徴、学業能力・対人関係能力・運動能力などの能力的特徴、性格的特徴など、自己のさまざまな側面の特徴を挙げることができるでしょう。

でも、このような自己の側面をいくら並べ立てても、「ここにいる自分」は見えてきません。そうしたモザイク的に並べられた自己の諸側面の背後に、自分らしさの核心があるように思われるのですが、それがなかなかつかめません。この人生を生きている自分が紛れもなくここにいるのに、その核心をとらえることができないのです。

こうした行き詰まりを脱する手段として、私が提案してきたのが、自己というものを実体視するのをやめることです。自分というものをこの身体を持ってここにいるものとみなすのではなく、「自分とは一つの生き方である」とみなすのです。そうすると、自分自身を振り返るということが、非常に具体的になり、やりやすくなります。

つまり、「自分らしさとは何か」というように抽象的に考えるのではなく、「自分はどんな生き方をしているだろうか」と振り返り、自分にまつわるエピソードを掘り起こしていくのです。

人生には運命的な面があります。いろいろな出来事が自分の身に降りかかってきます。それをコントロールすることはできません。でも、自分の身に降りかかる出来事に対してどんな反応をするかは自分しだいであり、そこに自分の特徴が表れています。

その意味で、だれもが自分らしい人生を歩んでいるのです。

過去を振り返り、記憶の貯蔵庫からなんらかのエピソードが引き出せたら、それにまつわる出来事や自分の気持ち、その後への影響などについて思いをめぐらせてみましょう。

たとえば、子どもの頃、引っ込み思案でなかなか自分から友だちを誘ったりできず、声をかけられるのを待つ感じだったということを思い出したなら、その後、中学や高校時代はどうだったか、積極的に声をかけられるようになっていったか、それとも相変わらず声をかけられるのを待つほうだったか、大人になってからはどうだったか、というように記憶をたどり、具体的なエピソードを探ってみましょう。

部活には熱心に打ち込んでいたのに、どうしてもライバルたちを追い抜くことができず、結局レギュラーになれなかったけれど、嫌になってやめてしまう同級生が続出しても、自分は最後まで腐らずに続けたことを思い出したなら、どんな気持ちで続けていたのだろう、諦めずに頑張り続けられたのはどうしてだろう、子どもの頃からそういう傾向はあったのだろうか、大人になってからも似たようなことはあっただろうか、というように記憶をたどり、具体的なエピソードを探ってみましょう。

働き方にも自分らしさが表れているものです。残業続きで毎日夜中に帰る生活にうんざりしていた人もいれば、そんな多忙な生活から充実感を得ていた人もいるでしょう。連休は仕事から離れなければならず退屈でたまらないから勝手に会社に行って自分の机に向かうこともあった人もいれば、仕事から解放される連休は楽しみで仕方なかった人もいるでしょう。そんな仕事生活のエピソードを記憶の倉庫から引き出してみましょう。

働き方の志向が就職の際の会社選択にも表れているものです。高収入にこだわる人もいれば、安定性にこだわる人もいます。仕事のやりがいを強く求める人もいれば、私生活を大切にしたいからと定時帰りや有給休暇の取りやすさを重視する人もいます。会社の知名度や社会的評価にこだわる人もいれば、職場の雰囲気がとくに気になる人もいます。自分がどんな理由で就職先を選んだのか、どのような点をとくに重視したかを振り返ってみると、自分らしい生き方の一側面が見えてくるはずです。

転職した人の場合は、「なぜあのとき会社を辞めたくなったのだろう」「転職の際、何を求め、何を最優先していたんだろう」などと振り返ってみれば自分が求めていること、我慢できないこと、自分のこだわりなどが浮上し、自分らしさの一端が見えてくるでしょう。

仕事への向き合い方や職場の人間関係が、その後の人生の方向性を大きく左右することがあります。どんな仕事をしていてもきつい局面はあるものですが、「あそこで踏ん張れたのはどうしてだろう」「なぜあのとき諦めてしまったのだろう」「あの忙しい時期、なんであんなに頑張れたのだろう」「あの人事異動はつらかったなあ」などと振り返ってみると、当時の自分の状況やそのときの気持ちが徐々に思い出されてきて、自己理解が深まるはずです。

仕事相手や職場の人間関係に関しても、「あの取引先の担当者はとんでもなく横暴で、ほんとうに困ったなあ」「あまりの理不尽に我慢できずにキレてしまって、大事な取引先を失ったのが大きかったな。もう少し我慢していたら、その後の職歴も違っていただろうに」「仕事は忙しくて、残業も多くて大変だったけれど、同僚に恵まれ、一緒に頑張っているという一体感で乗り越えてこられた気がする」「自分勝手な上司にはずいぶん苦しめられたなあ」「あのとき上司に盾突いたのがその後の冷遇につながったのは間違いないな」「あの理解のある上司にはずいぶん励ましてもらったし、仕事面でも育ててもらえた。今の自分があるのもあの上司のお陰だ」などと振り返ることで、仕事人生の流れが多少は見えてくるはずです。

家族関係をめぐるエピソードも自分らしさをつかむ手がかりになります。「仕事がきつくて倒れそうなときもあったけど、妻の優しい笑顔にいつも癒やされていたなあ」「土・日や連休にちょっとした家族旅行に出かけたのが楽しかったなあ」というように、配偶者との関わりに温かいものを感じる人の場合は、本人自身も配偶者に対して温かいまなざしを向けていたのではないでしょうか。

「職場で大変な目に遭ってぐったりしているときも、家に帰るとぞんざいな扱いで、家庭に居場所がない感じだった」「夫婦で食事に行ったり旅行したりといった雰囲気ではなく、何を言っても冷たい反応しかないから、職場を居場所にするしかなかった」というように、配偶者との関わりを冷え切ったものととらえている人の場合は、本人自身も配偶者に対して温かいまなざしを向けなかったり、仕事や仕事上のつき合いに夢中で配偶者に関心が向いていなかったりしたのではないでしょうか。

そんなふうに家族関係を振り返ってみると、今まで気づかずにいた自分の生き方の特徴について新たな発見があるはずです。

第3章

人に語ることで新たな方向性が見えてくる

悩むときだれかに話したくなるのはなぜか

ふだん自分の内面を人に話すことなどほとんどない人でも、悩み事を抱えていると、無性に話したくなることがあります。逆に、いつもは自分の内面を見せることなどない人から、突然悩みごとを打ち明けられたことがあるかもしれません。

人はなぜ悩むとだれかに話したくなるのでしょうか。

そこには自己開示の持つ心理的効用が関係しています。

自己開示というのは、自分について知らせることを指します。過去に経験したことや最近経験したことについて話したり、自分の生い立ちを話したり、日頃の思いを話したり、うれしい出来事について話したり、腹立たしい出来事について話したり、将来の夢について話したり、相手に対する気持ちを打ち明けたり、自分の性格的特徴について話したり、自分の価値観について話したりするのは、どれも一種の自己開示といえます。

そうしてみると、よく自己開示している人も、あまり自己開示していない人もいると思いますが、まったく自己開示をしたことがないという人はいないでしょう。

自己開示には、さまざまな心理的効用があります。私は、自己開示の心理的効用をつぎのように四つに整理しています。

❶ 自己明確化効果（自己洞察効果）

自分自身の経験を振り返りつつ語ることで、また相手の反応を通して、自分の心の中で起こっていることについての理解が深まっていく

❷ カタルシス効果

自分の思いを語ることによって情動が発散され、気持ちがすっきりする

❸ 不安低減効果

不安な気持ちを語るのを相手が受容的に聞いてくれることにより、他の人も同じような経験をしていると知ったり、自分が異常ではないとわかったりして、不安が和らぐ

❹ 親密化効果

自分の経験や思いを語ることによって、自己開示の相互性が働き、心理的距離が縮まり、親密感が高まっていく

自分のことは身近過ぎるのか、なかなかわからないものですが、友だちなどに自分の思っていることや悩んでいることを語ることで、つまり心の中のモヤモヤを相手にわかるように話そうとすることで、気持ちが整理され、自分がどうしたいのか、何が問題なのかがはっきりしてくることがあります。これが自己明確化効果です。

悩んでいることを友だちなどに話すと、問題が解決するわけではなくても、気持ちが多少軽くなるものです。それがカタルシス効果です。腹立たしいことがあったとき、だれかに言いたくなるのも、腹立たしい思いをはき出すことでスッキリするからですが、これも自己開示のカタルシス効果です。

悩んでいることや不安に思っていることを友だちなどに話したとき、その人も同じように悩むことがあると言ってくれたり、自分も似たような不安を感じることがある

と言ってくれたりすると、自分が特殊なわけではないと感じ、わかってもらえたと思うことで、気持ちが軽くなります。これが自己開示の不安低減効果です。

友だちとそれぞれの経験や思いを語り合い、共感したりされたり、思いを共有したり、お互いについてわかり合えたりすると、相手がとても身近に感じられるようになるものです。これが自己開示の親密化効果です。

このように自己開示にはさまざまな心理的効用があるため、私たちは何か迷いが生じたり悩んだりすると、だれかに聞いてもらいたくなるのです。

カウンセリングの効果もそこにあります。カウンセラーは、こうすればいいというような答えを与えるわけではなく、迷いや悩みを抱える人の語りにじっと耳を傾けます。どうするか、どのように考えたらよいかは本人の中から引き出されるのであって、カウンセラーはひたすら聞き手に徹します。そんな聞き手を前にして、自分のモヤモヤした思いを、ああでもないこうでもないと語り、また語り直しているうちに、本人の心の中に変化が生じ、もつれがほどけるように気持ちが整理されていきます。

語ることで心の中が整理され、新たな方向性が見えてくる

悩んだり迷ったりするときにだれかに話したくなるのは、話すことですっきりするというカタルシス効果を期待しているということもあるでしょうけれども、より重要なのは自己明確化効果です。

嫌な目に遭ったときや窮地に陥ったときなどに、自分の状況や思いをだれかに聞いてもらいたくなるものです。そのようなとき、私たちは、自分の身に降りかかった出来事をどのように消化するかをめぐって、心の中で格闘しているのです。

ネガティブな出来事も、多少なりともポジティブな意味を持つものに塗り替えることができれば、気持ちが軽くなり、前向きになれます。

そこで必要なのは視点の転換です。自分で考えているだけでは視点を揺さぶるのは難しいため、新たな視点を求めてだれかに語ろうとするのです。

「必死に頑張っているのに、どうしてもレギュラーになれない。もう部活をやめた

い」と悩んでいたけれど、そんな思いを友だちに話しているうちに、自分はサッカーがほんとうに好きなんだということに改めて気づき、レギュラーなどにこだわらずに好きなサッカーに思い切り打ち込みたいと思い、結局最後までレギュラーにはなれなかったものの、部活中心の楽しい高校生活を送ることができたという人がいます。

受験に失敗し、目指していたのとは違う大学に入学せざるを得なくなり、自己嫌悪と共に将来を悲観し、授業に出てもまったくやる気がなかったのだが、そんな学生が多かったせいか、ある先生が授業中に、「高校入学時に成績下位だった子が、高校3年時には成績が伸びていて、難関大学に合格したり、逆に高校入学時にはトップクラスの成績だった子が、しだいに成績が低下し、希望していない大学しか受からなかったりするのも、よくあることです。高校の3年間でそうした大逆転も起こり得るのだから、大学は4年もあるし大逆転の可能性はより大きいはずです」という話をしてくれて、それをきっかけに視界がパッと開けて、勉強を頑張れるようになり、充実した学生生活も送れたし、就職活動でも力を発揮できて、希望する業界に就職できたという人もいます。

一方で、「こんなに一生懸命に勉強しているのに、なぜ成績が上がらないんだろう」という思いが膨れ上がり、ついに不登校になり、家庭内暴力を振るうまでになってしまった人もいます。もし、そうした思いを語れる相手がいたら、自分にない視点に触れることができ、新たな視点から気持ちが整理され、そのような深刻な問題を起こさずにすんだかもしれません。

大人になってからも、さまざまな悩みに直面することがあると思います。

調子よく上司や先輩に取り入り、人の手柄もまるで自分の手柄であるかのようにアピールする、抜け目ない同僚が上役から気に入られて出世していくため、「あんな腐っている人間を見抜けない連中ばかりの組織じゃ、まじめに働く気になれない」とやる気をなくしていたが、そんな思いを信頼できる学生時代の先輩に話したところ、こちらの気持ちに共感しつつも、「その抜け目ない人みたいにずる賢く出世したいとは思わないんでしょ？」「その人がうまくやっているかどうかをそんなに気にしなきゃいけないの？」「その社内にも、地道にまじめに働いている人もたくさんいるんじゃないの？」「昇進することに大きな価値を置いているんだっけ？」などといった言葉を投げかけられ、自分がどんな働き方をしたいのか、どんな価値観を大事にして生きているのかを改めて意識することができ、やる気を持って仕事に取り組めるようになった人もいます。

上司との折り合いが悪く、成果を出しても正当に評価してもらえないし、ちょっとしたミスにも必要以上に叱責され、上司か自分のどちらかが早く異動にならないかと願っていたのだが、どちらもなかなか異動にならず、自分がミスしたわけではないのに見当外れの叱責を受け、「もう、我慢できない」となり、衝動を抑え切れず上司に対してキレてしまい、ますます居心地が悪くなった人がいます。そうしたケースでも、日頃の上司との関わりについて語り合える仲間がいたなら、別の視点から気持ちを整理することができ、上司に対してキレるようなことにはならなかったかもしれません。

小さい頃は言うことをよく聞く子だったのに、思春期頃から反抗的になり、大学生になってからは親の言うことに耳を傾けずに友だちの下宿に外泊したり、親の希望も無視して就職先を勝手に決めたりするようになった。こんなはずじゃなかった、自分の子育ては失敗だったと落ち込んでいるとき、そんな思いを友だちに話したところ、その友だちは、自分の子どもが母親とべったりで、親の言うことはよく聞くけど、友だちよりも母親と親しい感じで、なんでも語り合える親友がどうもいないみたいで、就職先も自分で決められずに親に相談してくるし、「20歳を過ぎても何も自分で決められず、こんなふうに親に依存しているようでは、この先自立して生きていけるのか、ほんとうに心配でたまらない」とこぼしており、子どもの育ち方もいろいろだな、わが子もそんなに間違った方向に育っているわけではないかもしれないなと思えて、ホッとしたという人もいます。

このように、人に語ることで、凝り固まった視点が揺さぶられ、新たな視点のもとに心の中が整理されるというのは、じつによくあることです。だからこそ、悩んだり、迷ったり、不満が募ったりすると、人はだれかに話したくなるのです。

逆に言えば、だれかに語るような機会がないと、悩みや迷いや不満が心の中でますます増殖してしまい、建設的な判断ができなくなってしまいます。ゆえに、自分の思いを遠慮なく話せる相手を持つことは、前向きの人生を歩んでいくうえで、とても大切なことと言えます。

過去を共有できる友だちとの語り合い

気心の知れた学校時代の親しい友だちと語り合うのは楽しいし、心の癒やしにもなります。日頃仕事や家族のことでストレスがたまっている人も、気心の知れた友だちと会って語り合えれば、気持ちもすっきりし、ストレスも解消あるいは軽減されます。

気になっていることを遠慮なくなんでも話せる友だちとの語りの場では、前項で見てきたように、自分の中にない新たな視点を友だちが持っていたり、語り合いの中で新たな視点が表れてきたりして、これまでとは別の視点に立つことができるというだけではありません。

学校時代の親しい友だちなど、過去を共有できる友だちと語り合っていると、とても懐かしい気分に浸ることができ、気持ちが癒やされ、心のエネルギーの補充ができます。それによって日頃のストレスが解消され、翌日から新たな気持ちで現実と向き合えるようになります。

そのような旧友との語り合いは、懐かしい気分に浸ることで、気持ちのリフレッシュになるといった効用のほかにも、非常に大きな効用があります。それは、過去の記憶へのアクセスがよくなり、自伝的記憶が豊かになるというメリットです。

「自分の人生は失敗だった。もっと違う人生を生きたかった」「思い通りにならず、悔いだらけの人生になってしまった」などと嘆く人もいれば、「自分の人生は成功だった。思う存分に生きたっていう感じがする」「いろいろあったけど、これまでの人生に満足している。悔いのない人生を送ることができた」などといかにも満足げに語る人もいますが、「自分の人生」というのはいったいどこにあるのでしょうか。

それは、どこかに客観的に存在するわけではありません。だれか他人がすべてを知っているわけでもありません。

たとえば、親は子どもの頃のことは知っていても、大人になってからのことはほとんど知らないでしょうし、子どもの頃でも学校であったことや友だちとの間であったことはほとんど知らないはずです。

さらに言えば、家にいる間のことでも、出来事は知っていても、本人がどう思っているか、何を考えているかはよくわからないでしょう。

親しい友だちは、自分との関わりの場で起こったことは知っていても、家でのことは知らないでしょう。家でのことも含めて、こんなことがあって、こんな思いになったというような話を聞くことがあっても、すべての生活場面での出来事やそれにまつわる思いを知っているわけがありません。

恋人や配偶者は、日頃の出来事を報告し合ったり、日頃の思いを語り合ったりして、お互いによく知っているつもりであっても、わざわざ二人の間に持ち出すことでもないという出来事については知りようがないし、仕事上のことや実家の親のことなどを逐一話すこともないでしょうし、内面で思っていることをすべてさらけ出し合うわけでもないでしょう。

そうなると、自分の人生について十分知っているのは自分だけということになります。だからこそ、自伝的記憶を豊かにすることが大切になるのです。生きてきた自分は今ここにいるわけですが、その自分の生きてきた軌跡は自伝的記憶の中にしか存在しません。自伝的記憶こそが自分の人生なのです。

ゆえに、自分自身を知るためには自伝的記憶をたどる必要がありますが、長年生きていると記憶が薄れ、はっきり思い出せないことも多くなります。そこで、ときどき自伝的記憶を振り返り、過去の出来事やそれにまつわる思いについての記憶へのアクセスをよくすることが大切になるのです。

そのためにも過去を共有できる親しい友だちとの語り合いが必要といえます。過去の出来事や当時の思いについて語り合うことで、自伝的記憶へのアクセスがよくなります。それは自伝的記憶が豊かになるということでもあり、自分の人生が豊かになるということにもなるのです。

人に語ることでモヤモヤした思いが形をとってくる

人に語ることには、相手の視点に触れて新たな視点で自分の過去の経験や現在の状況を見つめ直すことができるということのほかに、語ることそのものの効用もあります。

私たちは、心の中で経験していることをそのまま取り出して理解することができません。自分が何か感じていることはわかっても、どう感じているのかがつかめない。そんなことがよくあるはずです。それは、経験そのものが言語構造を持っていないからです。ちょっとわかりにくいかもしれないので、具体的に見ていきましょう。

たとえば、なんだかわからないけれども心の中がざわついて落ち着かないとか、なぜかイライラしてしようがないとか、何か物足りないんだけれども何が物足りないんだろうとか、自分の心の動きをうまくつかめないということがあると思います。言葉にならない衝動的なもの、感情的なものが、自分の中に渦巻いているのを感じても、それがなんなのかがわからない、といった感じです。

そのようなモヤモヤした心の内をだれかに伝えるには、それに形を与える必要があります。つまり、言葉によってはっきりした形を与えないかぎり、そうした経験について語ることはできません。その際、その衝動なり感情なりに名前をつけ、その衝動や感情の発生メカニズムをどのように説明するかが鍵となります。

自分の過去にしろ現状にしろ、自分について語ることが大事なのは、語ることが自分の過去の経験や現在進行中の経験を整理することにつながるからです。

人に語るためには、自分の感じていることを言葉にしなければなりません。言葉にしないと語ることができません。そこから言えるのは、語るというのは、まだ意味を持たない解釈以前の経験に対して、言葉によって意味を与えていくことだと言えます。それによりモヤモヤした経験が整理されていきます。

私たちは、自分の経験についてだれかに語るとき、自分の経験を振り返りつつ、その意味をじっくり考えながら語ります。そして、自分の経験を言葉で切り取りながら話すことになります。それによって自分の経験が整理されていきます。

たとえば、旅行したことを友だちに話すときのやり取りは、つぎのような感じになります。

「この前の連休に旅行に行ってきたんだ」

「どこに行ったの？」

「東北」

「東北か、いいなあ。で、どうだった？」

「すごくよかったよ」
「そうなんだ。どこがよかったの？」
「仙台がとくに印象に残ったなあ」
「仙台は行ったことがないなあ。どんなふうによかったの？」
「そうだなあ、なんて言うか……」

旅行をして「よかった」と感じても、どこがどのようによかったのかははっきりと言語化されていないことが多いものです。

でも、そのよさを人に伝えるためには、言語化する必要があります。ただ「よかった」だけでは相手に伝わりません。

そこで、このように言葉に詰まりながらも、自分の中の経験を振り返りつつ、なんとか言語化していくことになります。それによって経験が整理されていくのです。

映画を観て感動したときの友だちとのやり取りも、つぎのような感じになります。

「今大ヒット中のあの映画、日曜についに観てきたよ」
「あれ、観たんだ。まだ観てないけど、気になっていたんだよね。どうだった？」

「よかったよ。久々に感動したよ」
「そうなの？　やっぱり観に行こうかな。どんなところに感動したの？　ネタバレでもいいから教えて」
「うーん、久々に映画で感動したんだけど……どんなところに感動したのかっていうと……」

映画を観て感動したとしても、どんなところでどんなふうに感動したのかをはっきり言語化しているわけではないでしょう。映画を観たり、本を読んだりして、「感動した」と思っても、それについての感想文を書くとなると、どう書いたらいいか悩むものです。それは、自分の気持ちの動きがいちいち言語化されていないからです。

でも、だれかにその感動を伝えるには、言葉で説明するしかありません。そこで、このように言葉に詰まりながらも、自分の心の中の経験を振り返りつつ、なんとか言語化していく必要があります。それによって経験が整理されていきます。

さらには、相手の反応に対応することで、よりいっそう自分の経験が言葉で整理されていきます。私の著書の中で出した例を見てみましょう。

たとえば、何だかわからないけど、このところ焦っている感じがあって落ち着かないとする。そんなとき、友だちと話すことで気づきが得られることがある。

「何だかこの頃、焦ってるっていうか、どうも落ち着かないんだ」

「どうした、何かあった？」

「いや、とくに何かあったわけじゃないんだけど……よくわからないんだけど……焦ってるみたいな」

「焦ってるって、早くなんとかしなきゃ、みたいな感じ？」

「そう、そう、そんな感じ。これじゃいけないって」

「お前は何でも全力投球だからな」

「だよな、そんなところあるよな。目標喪失状態がいけないのかもな」

こんなふうに語っているうちに、自分の中のモヤモヤしたものが言語化され、整理されていく。

ふだんは温厚な性格で、人に対して怒ったり乱暴な口をきくようなことはないのに、なぜか友だちに対してキレてしまったときなども、別の友だちと話すことで、気づきが得られることがある。

「どうしたんだよ、お前らしくないな」

「うん、何か変だね、オレ」

「相当に変だよ。最近イライラしてるみたいだけど、何かあったのか？」

「オレ、イライラしてる？」

「ああ、何だかすごくイライラしてる感じが伝わってくるよ。先週もキレただろ」

「そうなんだ、自分でもなんでキレたのかよくわからなかったんだけど。でも、たしかにイライラしてるのかもしれない、そう言われてみれば」

「何があったんだ？」

「まあ、大したことじゃないんだけど、じつはね……」

こんな語り合いを通して、自分の中で起こっていることが言語化され、整理されていく。（榎本博明『〈自分らしさ〉って何だろう？――自分と向き合う心理学』ちくまプリマー新書）

じっくり耳を傾けてくれる相手の大切さ

ミヒャエル・エンデの『モモ』は、周囲の人たちを幸せにする不思議な女の子の物語です。モモは魔法を使うわけでもなく、何か特殊な能力を発揮するわけでもありません。モモにできることは、ただ相手の話を聞くことです。なんだ、そんなことかと思うかもしれませんが、だれもが時間に追われていたり、自分のことで精いっぱいだったりする今の時代、人の話にじっくり耳を傾けることのできる人は、非常にまれなのではないでしょうか。モモの物語は、そんなことを考えさせてくれます。

「モモに話を聞いてもらっていると、どうしてよいかわからずに迷っていた人は、きゅうにじぶんの意志《いし》がはっきりしてきます。ひっこみ思案の人には、きゅうに目のまえがひらけ、勇気が出てきます。不幸《ふこう》な人、なやみのある人には、希望《きぼう》とあかるさがわいてきます。たとえば、こう考えている人がいたとします。おれの人生は失敗《しっぱい》で、なんの意味《いみ》もない、おれはなん千万もの人間の中のケチな一人で、死んだところでこわれたつぼとおんなじだ、べつのつぼがすぐにおれの場所をふさぐだけさ、生きていようと死んでしまおうと、どうってちがいはありゃしない。この人がモモのところに出かけていって、その考えをうちあけたとします。するとしゃべっているうちに、ふしぎなことにじぶんがまちがっていたことがわかってくるのです。いや、おれはおれなんだ、世界じゅうの人間の中で、おれという人間はひとりしかいない、だからおれはおれなりに、この世の中でたいせつな存在なんだ。

こういうふうにモモは人の話が聞けたのです！」（ミヒャエル・エンデ『モモ』大島かおり訳　岩波書店）

過去のことにしろ、今現在のことにしろ、自分自身の経験や思いについて語ることができる相手はいるでしょうか。

個が切り離されているアメリカでは不可欠なものになっているカウンセリングは、日本では人間関係が密なので、あまり必要とされないと言われていました。ところが、日本でもこのところカウンセリングが急速に普及しています。いじめや不登校といった子どもたちの心の問題が深刻化していることへの対応として、カウンセリングが学校教育の場に導入されていることも、カウンセリングを受けることへの抵抗感を和らげているのでしょう。

でも、カウンセリングが必要とされるようになったことの背景には、自己を語る場が日常生活の中に少なくなっているという事情があるのではないでしょうか。

だれもが忙しくしており、また自分のことで精いっぱいで、ゆっくり立ち止まって内面的なことまで語り合うような心の余裕がないのかもしれません。あるいは、場の空気を重くしてはいけないなどと気を遣い過ぎて、楽しい雑談しかできないといったことがあるのかもしれません。

同級生とかゼミやサークルの仲間などと毎日のようにしゃべっている大学生でも、率直な自己開示をする相手がいないという人が意外に多く見られます。

友だちにもなかなか率直に心を開けない若者が増えていることから、私は自己開示の抑制要因についての調査を行ったことがあります。

その結果、自己開示を抑制する心理的要因として、つぎの三つが抽出されました。

❶現在の関係のバランスを崩すことへの不安
❷深い相互理解に対する否定的感情
❸相手の反応に対する不安

現在の関係のバランスを崩すことへの不安というのは、重たい話を持ち出して今の楽しい雰囲気を壊すことへの不安や、お互いに深入りして傷つけたり傷つけられたりすることへの恐れの心理を反映するものです。

深い相互理解に対する否定的感情というのは、友だちであっても感受性や価値観が違うものだし、自分の思いや考えを話してもどうせわかってもらえないだろうというように、人と理解し合うことへの悲観的な心理を反映するものです。

相手の反応に対する不安というのは、そんなことを考えるなんて変なヤツだと思われないか、つまらないことを深刻に考えるのだなあと思われたら嫌だ、などといった心理を反映するものです。

このような思いがあるために、率直に心を開きにくいわけです。

実際、150名ほどの大学生に、日頃よく話す友だちに自分の思っていることを率直に話しているかを尋ねる調査を行ったところ、ほとんどの学生が率直に話すのは難しいと答えていますが、その理由として、先の三つのいずれかに当てはまるような心理を挙げています。典型的な反応として、つぎのようなものが見られました。

「相手の反応が気になり、プライベートなこととか、自分の内面については話せない。自分の意見にも自信がなくて、相手に呆れられてしまうのではと思ったりして、なかなか意見も言えない」

「友だちにホンネを言おうとしても、それを理解してくれなかったときのことを考えると、なかなか話す気持ちになれません。ホンネを言うには勇気がいります」

「相手がどう思うかを自分は気にし過ぎだと思うけど、どうしても気にしてしまう。自分の思うことを素直に言える人が羨ましい。よっぽど自信がある人でないと、言えないと思う」

「私は、自分の思ったことを率直に友だちに言うというのはできません。やっぱり嫌われるのが怖いから」

「意見が違うと、せっかくの関係が悪化してしまうのではないかと考えてしまい、自分の意見があってもなかなか言えない」

「こんなことを言ったら相手が気分を害するのではとか、感受性が違っていたら相手が話しにくくなるかもしれないなどと思い、何を話したらよいかをかなり吟味する」

このように、今の関係を崩すことを恐れたり、相手の反応を気にしたりするあまり、自分の意見や思うことを率直に話せないといった心理が、多くの若者に共有されていることがわかります。

これは、何も若者に特有の心理ではないと思います。日頃しゃべる相手は、職場にたくさんいても、率直な自己開示をできる相手がいない。近所の人たちと日常的におしゃべりする機会があるものの、率直な自己開示はほとんどできていない。そんな人が少なくないのではないでしょうか。だからこそ、率直に自己開示できる相手、こちらの話すことにじっくり耳を傾けてくれる相手を持つことが大切となります。

もちろん、一方的に自己開示するのではなく、お互いに率直な自己開示をし合える相手を持つことが大切です。

聞き手によって語り口が左右される

自分のことを話すというと、しっかりと固まった自伝的記憶、つまり自分の物語が既に存在するといった感じに思われがちですが、じつは自伝的記憶というのは非常に揺らぎやすいものなのです。

人と話すときのことを思い出してみましょう。私たちは自分のことを話すにしても、自分が思うことを勝手に話すわけではなく相手の反応を気にしながら話すはずです。つまり相手がわかってくれるように、相手が「なるほど」と思ってくれるように話すでしょう。

自分自身のことを話せばよいのに、どんなふうに話そうかと迷うのは、どうしたらわかってもらいやすいかと考えるからです。さらに言えば、自分のことを語るにも、いろいろな語り方ができるからです。

言ってみれば、自分についての語りにはいくつものバージョンがあり、相手に応じてどのバージョンを採用するかを決め、相手の反応をモニターしながら語り口を調整しているのです。

自分の過去について語るにも、自伝的記憶の中からどれを引き出してくるか、それをどのように語るかは、そのときどきの相手の反応をモニターしつつ判断することになります。

聞き手の反応がどうもよくないなと感じたら、話の詳細を省いたり、話題を変えたり、同じ出来事でも視点を変えて説明したりと、語り口を変えていきます。相手の反応がよければ、そのままの視点で話せばよいし、自信を持って話の詳細をいきいきと語るでしょうし、勢いづいてちょっと大げさな語り口になるかもしれません。

このように、自分について語る際には、自伝的記憶から引き出してくる内容にしても、その語り口にしても、相手の反応をモニターしながら、できるだけ相手の共感や承認が得られるように引き出され、語られるのです。

何も自分について語るときに限らず、ちょっとした雑談でも、相手が共感してくれたり面白がってくれたりと反応がよければ、その路線で勢いづいて話せるでしょうが、相手がつまらなさそうな表情だったりまったく関心を示さなかったりしたら、気持ちが萎えてきて、話を切り上げたくなるでしょう。

ゆえに、自分をじっくり見つめ、これまでの人生を振り返ってみたいというときには、関心を持って聞いてくれるような相手を選ぶ必要があります。

よい聞き手が自己洞察をもたらしてくれる

私たちは、自分について人に語る際に、相手にわかってもらえるように語ろうとするものです。そうでないと話がかみ合わず、微妙な雰囲気になってしまいます。

人に語ることの重要な意義は、相手にわかってもらえるように語ろうとすることで、自分の経験に対して、一人で考えていたときとは違った意味づけができることにあります。

たとえば、だれかに意地の悪いことを言われたと思い、ムカついて、友だちに話したとします。そのとき、友だちが「それは酷いね」「それはムカつくよね」といった反応を示したなら、本人の見方にはなんの変化も生じないでしょう。

最近は、その場の空気を乱さないように無難な反応を心がけ、何かと「そうだよね」と共感を示す人が多いようですが、それではなんの洞察にもつながりません。それは、自己洞察を深める、あるいは新たな視点を獲得するという観点からすると、けっしてよい聞き手とは言えません。

それとは反対に、疑問を呈する聞き方ができる相手はよい聞き手かもしれません。たとえば、だれかに意地の悪いことを言われムカついたというようなことを友だちに言ったのに対して、「それはちょっと違うんじゃない?」「決めつけ過ぎだよ」「必ずしも意地悪で言ったとは言えないんじゃないかな」「主観的過ぎない?」などといった反応をされた場合、共感してもらうためには、より説得力のある説明をする必要に迫られます。

そこで、自分が経験したことを再度振り返って、どう説明したらいいのだろうと考えます。それによって振り返りが深まります。じつは、こんなことが前もあったんだと似たような例を並べることで、「そんなことを言う人なのか」と納得してもらえることもありますが、それでも「考え過ぎなんじゃない?」「そんなに深い意味で言っているように思えないけどなあ」などといった反応があると、さらに振り返って、どう説明したらいいのか考えなければならなくなります。

そうしているうちに、「たしかにあの人はべつに悪意で言ったんじゃないかもしれないな」と思えてきて、「そう言えば、ときどき厳しいことを言うけど、そのアドバイスで助かったことがあったな」などと、新たな気づきが得られ、その人に対する見方が変わることがあります。

つまり、語り合いの中で記憶が書き換えられていくのです。

視点の違いが新たな洞察につながる

家族や友だちなど、身近な人物との間で記憶のすれ違いというのを経験したことがあるでしょう。

家族の間では、毎日さまざまなやり取りがあるので、記憶のすれ違いがしょっちゅう生じがちで、言い争いが絶えないという家族も珍しくありません。

たとえば、「明日の日曜は子どもを動物園に連れて行くことになっていたじゃない」と言う妻に対して、夫は「そんなこと聞いてないよ。明日は取引先とゴルフに行くことになっているし」と言う。妻は「先週の日曜日に雨で行けなかったとき、今度の日曜に行こうって言ったじゃない」と詰め寄るけれども、夫は「そんなこと言ってないよ。また今度行こうって言ったんだよ」とあくまでも否定する。「あのとき、じゃあ来週の日曜ね、って念を押したでしょ」と言う妻に対して、夫も「そんなこと聞いてないよ」と譲らない。そのうち両者ともいきり立ち、不穏なムードが漂う。

このような「（あなたが）言った」「（私は）言ってない」、「（私は）言った」「（私は）聞いてない」といった記憶のすれ違いを経験したことがない人は、いないのではないでしょうか。

録音でもしていないかぎり、双方の発言はお互いの記憶の中にしか保存されていないので、どちらの記憶が正しいのかははっきりしません。お互いに自分のほうが絶対に正しいと思い込んでいますが、客観的な証拠がないため、どちらが正しいかはわかりません。ただし、はっきり言えるのは、双方の視点の違いがこうした記憶のすれ違いを生んでいるということです。

この妻の場合、子どもを動物園に連れて行ってやりたいという思いが強いため、「また今度行こう」という夫の言葉を「今度の日曜に行こう」と聞いたつもりになったのかもしれません。あるいは、この夫の場合、子どものことより仕事上のつき合いを優先せざるを得ないという思いが強いため、「じゃあ来週の日曜ね」という妻の念押しの言葉の記憶が薄れてしまったのかもしれません。

学校時代の仲間との集まりなどでも、あの頃こんなことがあった、あんなことがあった、と昔話で盛り上がるとき、一緒に経験したはずのことでも人によって覚えていることが違うというのも、よくあることです。関心のあることが違えば、記憶に強く刻まれていることも違ってきます。

仕事絡みで記憶のすれ違いがあると、家族の言い争いよりもはるかに深刻な問題になりがちですが、実際にそこら中で記憶のすれ違いが起こっています。

注文した商品の値段が話と違うといって客と店員の間でトラブルになったり、取引先との間で聞いていたのと条件が違うとトラブルになったりすることがありますが、それも双方の視点に違いがあるからです。たとえば、客や取引先は安ければ安いほうがいいと思っていて、店員や受注側はあまり値引きすると利益が出なくなるという思いがあるため、どちらかの記憶が変容したものと思われます。

このように、日常的によく見られる記憶のすれ違いの背後には、双方の視点の違いがあります。視点の違いは、記憶の仕方を左右するだけでなく、物事の持つ意味の解釈にも影響します。

結局、お互いにいくらムキになって自分の記憶の正しさを主張し、相手を説得しようとしても、どちらも譲らず決着がつかないのは、記憶されていることが「事実」ではなく「解釈」であり「意味」だからです。

前項で示した例でも、自分の視点と友だちの視点に違いがあるため、友だちに語ることで新たな気づきが得られるわけですが、そこでは同じ出来事に対する解釈の違い、意味づけの違いが新たな気づきをもたらしているのです。だからこそ、自分の頭の中で考えているだけでなく、親しい友だちと語り合うことが大切となります。

だれかに語ることで独りよがりの自己物語から脱することができる

旧友と語り合うと、懐かしい記憶が蘇ってきたり、共通の懐かしい記憶で盛り上がったりして、日頃のストレスを解消する効果があるのは言うまでもありません。

でも、旧友と語り合うことには、それとは別の心理的効用があります。

私は、自己というのは物語の形で心の中に保持されているという立場から、自己物語の心理学を提唱しました。だれでも前向きに生きたいものだし、自分の価値観に照らしてけっして恥じない生き方をしていきたいものです。そのため、日頃の自分の生き方をきちんと振り返ることなく、自分はまっとうな生き方をしているといった幻想的な自己物語を持っていたりするものです。自己物語というのは自分の行動や身に降りかかった出来事に首尾一貫した意味づけをし因果の連鎖をつくることで、現在の自己の成り立ちを説明する自分を主人公とした物語のことです。

そんなとき、なんでも遠慮なく語り合える学校時代の親しい友だちと話すと、思いがけない指摘を受けることがあります。

たとえば、若い頃は世の中のためになるような仕事をしたいという思いが強く、就職先を決める際にもそうした思いを基準にしていたのだけれど、いつの間にかそんなことを考える余裕をなくしていたとします。それにもかかわらず、きちんと自分の現状を振り返ることをしていないため、若い頃の自己物語をほぼそのまま生きているような気持ちでいたりします。

そんなとき、定年を前にこれからどう生きるかについて旧友と語り合っている中で、若い頃の志からずいぶん逸れた生き方をしてきてしまったと友だちが自嘲気味に語るのを聞いて、そう言えば自分も社会貢献につながる仕事をしたいと思っていたのに、会社の利益のために消費者に必要のないモノをいかに買わせるかに腐心する生き方をしてきたことに改めて気づき、自己嫌悪に陥ったりすることがあります。

それがきっかけとなって、これまでの自己物語をやや情けないものに書き直すとともに、定年後は自己物語を納得のいくものに修正していけるように、働き方を変えていく決意をすることになったりします。

ある50歳前後の男性は、仕事生活は順調だし、管理職に就くなど評価もされており、職業人として立派に働いてきたし、悔いることは何もないという自己物語を生きているつもりだったけれども、友だちと語り合っているうちに、これでよかったのだろうかといった思いが募ってきたと言います。

あれこれ語り合っているうちに、若い頃はその友だちと、仕事だけの人生なんて虚しいし、本を読んだりしてしっかり社会を見る目を養ったり、次世代を育てるという意味でも教育問題への関心は持ち続けたりして、常に知的好奇心を絶やさないようにしたいと話していたことを思い出したそうです。

そんな観点から自分の現状を振り返ると、仕事で疲れてしまい、帰宅後はテレビを観ながらゴロゴロするばかりで、本を読むこともなく、思索にふけることもなく、惰性に流されて怠惰に過ごしていることに気づき、「これではいけない」「なんとか生活を立て直さなくては」といった思いに駆られたと言います。

定年を前にしたある男性は、旧友との語り合いの場で、家に帰っても妻と娘の居場所になっており、たまに早く帰って一緒に夕食を食べても、「なんで今日はいるの?」と思われている感じがして、なんだか居心地が悪くて、残業がなくても居残って、ほぼ毎日夕食は外食で済ませるようになって10年以上になるが、家族っていうのは冷たいものだと嘆いたところ、共感してもらえると思ったら、友だちから意外な反応があったと言います。

その友だちは、つき合いや残業で外食することはあったけれども、週の半分以上は家で夕食をとっていたから、居心地の悪さなどなく、むしろ夫婦で楽しくしゃべっているし、子どもも大きくなっているから夫婦で外食に行ったり飲みに行ったりしているると言い、職場を居場所にしていたのがいけないのではないかと指摘されたそうです。

そのときにいろいろ語り合ったのがきっかけで、夫婦関係について考え直し、家族のために必死に働いてきたのに家族からないがしろにされてきたという自己物語はちょっと違うかもしれないと感じ、職場を居場所にして妻に淋しい思いをさせてしまい、お互いに交流が乏しい家族スタイルになってしまった、妻は娘との団らんを居場所にし、自分は職場や外食の場など家の外が居場所になるようにしていた、というように修正したと言います。

そして、これからは定年後の生活に向けて、夫婦で一緒に楽しむ時間を持つようにしたいと思い、いきなり関係性を変えられるわけではないのはわかっているが、しっかりコミュニケーションを取るように心がけていると言います。

このように遠慮なく語り合える相手がいることで、独りよがりの自己物語から脱することができます。

第4章

過去をどう意味づけるかで、これからの人生が違ってくる

過去を悔やむ人、過去を肯定的に受け止めている人

自己物語の調査では、さまざまな年代の多くの人たちにこれまでの人生について語ってもらいました。

そこから言えるのは、自分の過去をどう受け止めているかによって、現在の気持ちの持ちようが違ってくるということです。

人生を振り返って語ってもらう際に、高齢者は長い年月にわたる自己物語を心の中に抱いているので、とくに多くの高齢者に語ってもらいました。そして、自分の人生は失敗だったという人とよい人生だったという人の違いは、過去の経験の受け止め方にあることがわかりました。

「自分の人生は失敗だった」というある60代の女性は、30代の頃にはこんなことがあり酷い目に遭ったとか、40代の頃にはまたこんなことがあり悲惨だったとか、50代の頃にもこんなことがあったし、どうしようもなく嫌なことだらけの人生だったという

ように、具体的な出来事を語り、「だからもしやり直せるものなら人生をやり直したい」と言います。

一方、別の60代の女性は、「長く生きてきたからよいことも悪いこともいろいろありましたよ」と言って、30代の頃にはこんなよいこともあり、こんな大変なこともあった、40代の頃もこんなよいこともあったけど、こんな悲惨なこともあった、50代の頃にもこんなよいこともあり、こんな大変なこともあったと具体的な出来事を語り、「まあほんとうにいろいろあったけど自分なりに頑張ってきたし、周りの人にも恵まれたし、よい人生だったと思いますよ」と言います。

また、別の60代の女性は、自分はごく平凡な人生を生きてきたと言って、30代の頃はこんなことがあり、40代の頃はこんなことがあり、50代の頃はこんなことがあったというように、具体的な出来事を語りながら、「あのときこうすればよかった」「あの頃はあまり考えなかったけど、もっとこうしておくべきだった」「もっと別の人生があったはず」としきりに悔やんでいます。

私は、高齢者の自己物語の調査では、最後に出来事やそれにまつわる思いを年代順に整理して年表を作成して渡していました。その作成の時点ではっきりわかったのは、自分の人生を振り返って失敗だったとか、酷い目に遭うことが多かったとか、悔やまれることばかりだったなどという人が、いろいろあったけどまあよい人生だったという人と比べて必ずしも悲惨な目にばかり遭っているわけではないということです。

実際に経験した出来事を並べて比較してみると、よい人生だったという人のほうが、わが子を事故で亡くしたり、配偶者が勤めていた会社が潰れて経済的に困窮するなど、悲惨な目に遭っていることも珍しくありませんでした。

同じような出来事を経験しても、それを前向きに受け止める人もいれば、後ろ向きに受け止める人もいます。結局のところ、身に降りかかってきた出来事をどう受け止めるかによって、人生の満足度が違ってくるし、日頃の気分も違ってくるのです。

未来は過去の意味づけを基につくられていく

働き盛りを過ぎる頃、あるいは子育てから解放される頃になると、時間的にも気持ちのうえでも余裕ができ、人生を振り返ることが多くなると思います。人生を振り返るというのは、心理学的に言えば自伝的記憶をたどるということになります。

子ども時代にこんなことがあった、青春時代にこんなことがあった、仕事ではこんなことがあった、大人になってからの私生活ではこんなことがあったなどというように、自伝的記憶には無数のエピソードが詰まっています。

前向きの人生を歩んでいくには、過去から現在に至る自己物語を前向きの物語にしていくことが大切となります。過去のことなど気にしないで明るい未来を思い描こうなどと言われることがありますが、未来予想図は過去のデータを基に描かれるのであって、過去と切り離して描かれるようなものではありません。

事業などでも、たとえば商品の需要予測は、これまでの売り上げ実績を基に行われるのであって、これまでの実績を無視して勝手に行うことはできません。それと同じく、「自分の人生、この先こんな感じになっていくだろうな」といった未来予想図は、過去の出来事が無数に詰まっている自伝的記憶を基に描かれます。だからこそ、自伝的記憶をポジティブな視点から整理し、前向きな自己物語を生きられるようにする必要があるのです。

過去から現在に至る自己物語の流れが後ろ向きだと、その延長線上にある未来も、納得のいかない人生、後悔だらけの人生といった流れのもとに、夢も希望もないものとして思い描かざるを得ません。

それに対して、過去から現在に至る自己物語が前向きであれば、その延長線上にある未来も、納得のいく人生、悔いのない人生といった流れのもとに、希望に満ちた楽しみなものとして思い描くことができます。

だからこそ、この先をよい人生にしていきたいなら、過去から現在に至る自己物語が前向きのものになるように、自伝的記憶を整理しておく必要があるのです。

そこで大事なのは、出来事や状況そのものと、それが自分にとって持つ意味を、しっかりと分離することです。ネガティブな出来事だからといってネガティブな意味を持つとは限らないといった視点に立って自伝的記憶に詰まっているエピソードを整理するのです。そして、ネガティブな出来事や状況にも、今の自分にとってのポジティブな意味を読み取ろうとする姿勢を持つことです。

ネガティブなエピソードにも今の自分につながるポジティブな意味を見いだすことができれば、そうした自伝的記憶をもとに前向きな自己物語を組み立てていくことができます。

事実の世界と意味の世界

このようなことからわかるのは、私たちは客観的事実の世界を生きているのではなく、主観的な意味の世界を生きているのだということです。

もちろん人生において身に降りかかってくる事実が基本だし、事実に無関係に人生があるなどと妄想的なことを言っているのではありません。ここで言いたいのは、私たちが事実を経験するとき、事実そのものを経験しているのではなく、事実の持つ意味を経験しているのだということです。

言い換えれば、私たちは、出来事が羅列されている年表のような世界を生きているのではなく、個々の出来事に意味を与え、それらを因果関係で結んだりしながら、いわば物語の世界を生きているのです。

似たような境遇にあっても、前向きな気持ちで日々を過ごしている人もいれば、愚痴っぽくうつうつとした日々を過ごしている人もいます。その場合、境遇そのものが問題なのではなく、自分の境遇をどのように意味づけるかが問題なのです。私たちは、現実そのものを生きているのではなく、現実が自分にとって持つ意味の世界を生きているると言ってよいでしょう。その意味を決めるのは本人自身なのです。

ある企業で働く人たちを対象に意識調査をした際に、とても興味深いことがわかりました。同じ職場で同じ業務を担当していても、給料が安いとか残業が多いとか仕事にやりがいがないなど不満だらけの人がいる一方で、お客さんから直接反応があるからやりがいがあるとか自分の成長につながっていると感じるなど満足感を示す人がいるのでした。やっている仕事の内容そのものが仕事への満足感を決めるのではないことが明らかです。

このように、現実の持つ意味というのは、結局のところ本人が感じ取るものなのです。職場の客観的な労働条件や業務内容そのものではなく、それらを本人がどう受け止めるかによって、仕事の持つ意味が決まってくるのです。

そこで覚えておきたいのは、私たちは身に降りかかる出来事を自在にコントロールすることはできないけれども、個々の出来事の持つ意味は自在にコントロールすることができるということです。

人生を振り返るとき、よい出来事ばかりでなく、学生時代の勉強面や部活等での挫折、友人関係の葛藤、恋愛関係のもつれ、仕事に就いてからの仕事がらみの挫折、家族間の葛藤、経済的な困窮、自分自身や家族の病気や事故など、思い通りにならなかったさまざまな出来事が思い浮かぶものです。問題はそれらをどう意味づけるかです。それぞれの思い通りにならなかった出来事からどんな意味をくみ取るか。それによって過去の風景が決まるのです。

経験の意味づけの仕方にはクセがある

周囲を見回してみれば、いつも前向きな人もいれば、常に愚痴っぽい人もいます。

前者は、いつもよいことばかりがあるわけではなくても、上機嫌に過ごし、嫌なことがあっても前向きに受け止めようとするため、そんなに落ち込むことがありません。後者は、けっして嫌なことばかりがあるわけではないのに、何かにつけて後ろ向きに受け止めてしまい、いつも不満顔で愚痴をこぼしています。私たちには、いつの間にか身に染みついた経験の意味づけのクセがあるようです。

自己物語の調査では、生い立ちを語ってもらうことになりますが、その中で子ども時代の家庭環境や親子関係が語られることがあります。当然ながら、親子関係に問題を抱えていた人もいます。でも、そのとらえ方は人それぞれです。

ある50代の女性は、自分の生い立ちの悲惨さをアピールするような語り口で、親子関係を軸にした内容を語りました。要約するとこんな感じです。

「親が情緒的に未熟で頼りなくて、守られているっていう感じはまったくなかった。自分のことは自分で支えるしかなかった。親に甘えることもなかったし、むしろこっちが親を気遣って支えなければならなかった。それで、いつの間にか、だれに対しても、人生に対しても、なんの要求も期待もしない性格になっていた。子どもの頃から、学校ではしっかり者扱いされていたけど、小さかった自分がどれだけ淋しい思いをしていたか、自分のことをすべて自分で支えるしかないというのが幼い身でどれほどきつかったか、あの未熟な親たちは考えもしなかったはずだ。今さら文句を言う気にもなれないが。そんな自分は、だれにも期待しないから人に対してムキになることもなく、人間関係も淡泊で、毎日淡々と暮らしている。なんの面白みもない人生だけど、あんな生い立ちなのだから仕方ない」

それに対して、同じように親が情緒的に未熟で、自分のことで精いっぱいといった感じで、親に甘えるどころか自分の側が親に負担をかけまいと気遣わなければならなかったという親子関係を語る別の50代の女性は、親子関係を軸にした内容を前向きにとらえて語りました。要約するとこんな感じです。

「子どもの頃は、親にわがまま言ったり甘えたりしている無邪気な友だちを冷めた目で見ていたけど、ほんとうは羨ましかったのかもしれない。でも、人生は人それぞれに違っているもの。自分が得られなかったものは仕方ない。どういう親の元に生まれるかは、子は選べない。諦めるしかない。だけど、自分がしっかり者になったのは、ああいった親子関係のお陰とも言える。親の顔色をうかがって生活しなければならなかったため、気配りができるようになったし、わがままを言わずに自分の気持ちをコントロールするしかなかったせいで、だれとでもうまくやっていける。周りの人たちはよく『あり得ない』『許せない』などと口にしますけど、私には甘える気持ちもないから、人に対して恨みがましい気持ちを抱くこともない。安定した人間関係を築けるのは、あの生い立ちのせいかもしれない」

このように自分の生い立ちをどう意味づけるかは本人しだいであり、そこには人それぞれのクセがあります。そのクセを探り、それが好ましくない場合は、前向きな意味づけの仕方を意識するようにしたいものです。

過去は変えることができる

自分はどのような人生を送ってきたのか、そして今どのような人生を送ろうとしているのかというのが、まさに自己物語ですが、それはこれまでに経験した出来事や状況を土台として綴られるものです。

自分の人生は、子どもの頃はとてもよかったけれども、社会に出てからは嫌なことばかりで、ひと言でいえば転落の人生だった、と嘆く人も、そんなネガティブな人生をなんとか変えたい、もっと前向きの人生にしたいと心のどこかで思っているはずです。そうは言っても、ここまできたらもうどうにもならないといった諦めの気持ちもあったりします。

諦めの気持ちがどこから湧いてくるのかといえば、「社会に出てから嫌なことばかりだったという事実を今さら書き換えることなどできない」という思いによるものでしょう。

でも、自己物語はいくらでも書き換えられるのです。すでに見てきたように、私たちは年表のような事実が羅列された世界を生きているのではなく、それぞれの事実に意味づけがなされた物語の世界を生きているのです。

そんな私たちにとって重要なのは、過去に経験した事実そのものではなく、それぞれの事実の持つ意味です。現実の出来事や状況の持つ意味は、客観的にどこかにあるのではなく、本人自身が感じ取るものです。

自分はろくな人生を生きてこなかった、今さら後悔しても始まらないがほんとうに虚しい日々を送っている、なんでこんな人生に陥ってしまったのか、などと絶望的な気持ちを吐露する人がいました。

でも、じっくり話を聞いてみると、その人の人生そのものが悪いわけではけっしてありません。その人が自分の人生にポジティブな意味を見いだせずにいるところが問題なのです。自分の人生に対して、「ろくな人生ではない」とか「虚しい」などといった意味づけをしているのは、紛れもなく本人自身なのです。

前項で見た事例のように、自分の生い立ちをどう意味づけるか、自分の人生の意味をどうとらえるかは、結局のところ自分次第なのです。生い立ちそのもの、人生そのものに、意味があるわけではありません。自分がどのように意味づけるかによって、生い立ちの意味、自分の人生の意味が決まってくるのです。

ここから言えるのは、自分自身の視点が変われば、経験した事実は変わらなくても、それらの持つ意味が変わり、それにより後ろ向きな自己物語が前向きの自己物語に変わっていく可能性があるということです。

つまり、自分の過去を塗り替えることができるのです。

自己物語は過去の事実をもとにしているとはいっても、それぞれの事実に意味づけすることで物語になっているわけです。意味づけの仕方によって、同じ事実をもとにしても、まったく雰囲気の異なる自己物語を綴ることが可能です。

そこでわかるのは、あなたが抱えている自己物語は、あり得るさまざまなバージョンの中の一つに過ぎないということです。

何かの場で自己紹介をしなければならないとき、どんなふうに自己紹介をしたらよいかと迷うのも、さまざまな自己紹介の仕方があるからです。自分がこれまでに経験してきた事実は変えられなくても、どの事実をとくに選び、どのような意味づけをして披露するかによって、人に与える自分の印象が大きく違ってくるからです。

自己物語にも、そのような原理が働いています。同じ過去の事実群を基に、幾通りもの自己物語を綴ることができます。過去を振り返る視点を変えることで、意味づけの仕方が変われば、今抱えているものとはまったく趣の異なる自己物語を持つことができるのです。

カウンセリングに効果があるのも、同じ原理に基づいています。いくらカウンセリングを受けても、過去に経験した事実をなかったことにできるわけではありませんし、別の事実に差し替えることもできません。それでも、カウンセリングによって、人は立ち直ることができるし、ネガティブな自分からポジティブな自分に生まれ変わることができます。それは、過去の事実に対する意味づけの仕方が変わるからです。

若い頃の失恋を引きずっている女性は、つぎのように自分の現状を訴えました。

「愛し合っているはずだった男性に裏切られたことが、ずっと尾を引いています。その人は、突然別の女性とつき合い始めて、結婚してしまったんです。だから愛も男性も信用することができなくなってしまいました。それ以来、男性に対する嫌悪感みたいなものが消えません。ふだんはそれほど意識することもないし、魅力的な男性に好意を感じたりもするのですが、いざつき合い始めると、かつてのショック体験が蘇ってきて、気持ちが消極的になってしまいます。それで心理的距離が縮まらず、恋人関係を維持することができなくなってしまうんです」

この女性の場合、かつての失恋体験がトラウマになっており、それをいかに消化していくかが課題となっていました。つまり、きわめてネガティブな意味づけをされている失恋体験に対して、少しでもポジティブな意味を付与する必要がありました。

カウンセリングの中で、嘆いたり、怒ったり、意気消沈したりしながら語っていくうちに、この女性は自らの悲惨な失恋体験からも、ポジティブな意味を読み取ることができるようになっていきました。

当初は当時の恋人を非難し嘆くばかりでしたが、そのうちにより大きな視点から振り返ることができるようになりました。ついには、当時は二人とも若くて未熟なところがあり、つき合いが深まるにつれて、お互いわがままになっていき、相手に対して勝手に要求を抱いては満たされない思いにイラつくばかりで、相手を思いやるやさしさを見失っていた気がする、というようなことまで口にするようになりました。

そのような気持ちの変化と並行して、恋人に一方的に裏切られたという被害者意識も、しだいに薄れていきました。突然恋人が裏切ったというわけではなく、それ以前からお互いに行き詰まりを感じており、このまま続けていくのは無理だと思っていた、などと言うようになりました。

このような語りを通して、この女性の失恋体験は、裏切られた悲惨な体験というものから、心理的距離が縮まってもお互いにエゴをむき出しにせず、相手を思いやるやさしさを持たなければならないことを教えてくれた、とても貴重な体験だったというように、その意味を塗り替えられていったのです。

ネガティブな意味づけは人生を受け入れがたくする

後ろ向きの自己物語を生きている人の中には、自伝的記憶の一部がぼやけている人がいます。自分の人生は、客観的にどこかに存在するわけではなく、自伝的記憶として自分の中にあるものなので、それがぼやけているということは、自分の人生を受け入れていないことを暗示しています。

私が「自己物語面接」を継続的に行った人の中に、小学校時代の出来事に関する記憶がまったく抜け落ちている人がいました。それなのに、もっと昔の幼稚園時代の出来事については、部分的にではあるけれども、けっこう鮮明に思い出すというのです。

一般的には昔のことほど思い出しにくいものだし、それは心理学の実験でも証明されています。でも、この人の場合は、幼稚園時代のことは思い出せても、小学校時代のことが思い出せない。ここから考えられるのは、小学校時代に何かとても嫌なことがあって、無意識のうちにその頃のことを考えないようにして生きてきた、つまり抑圧が働いているということです。

嫌な出来事の記憶は、その当時のさまざまな出来事と記憶のネットワークでつながっています。その中にはポジティブな記憶も、どうってことのない記憶も含まれます。だからといって、その時期のとくにネガティブでない記憶を引き出したりすると、そこから連想が働いて、忌まわしい出来事の記憶にたどり着いてしまう危険もあります。だから、その時期のことはできるだけ振り返らないようにしているのです。そのため、その時期の自伝的記憶がぼやけてくるのです。

実際、その人の場合も、面接が進むに連れて、小学校時代にとても衝撃的なことがあり、思い出さないようにしていたことがわかってきます。ただし、その当時の本人には、つまり未熟な子どもには、とても消化することのできないものだったため記憶にふたをしたわけですが、人生経験を積んだ大人であれば、消化可能であったりします。

ある時期の自伝的記憶がぼやけているというような場合は、そのまま放置していると、なかなか前向きの人生になっていかないということもあり得ます。気になるようであれば、よい聞き手とともに、思い切って振り返ってみましょう。ネガティブな出来事にも今後につながるポジティブな意味を見いだすことができるかもしれません。

ネガティブな出来事にもポジティブな意味づけを

思い出すだけでも気分が落ち込む嫌な出来事、なんであんなことをしてしまったのだろうと悔やまれる出来事というのは、だれにもあるものでしょう。でも、そうした過去を思い出さないようにふたをし続けるには、心のエネルギーがいるし、それでは過去の失敗を今後に生かすこともできません。

トラウマという言葉が巷に広まっていますが、思い出すととても嫌な気分になる記憶、消してしまいたい記憶というのは、けっこう多くの人が抱えているものです。私が実施した調査でも、40代から50代の成人で三人に一人、20歳前後の若者では三人のうち二人が、「消してしまいたい過去がある」と言います。若者のほうが比率が高くなっていますが、人生経験を重ねるにしたがって、ネガティブな出来事もなんとか消化できるようになるのでしょう。

いずれにしても、そうしたネガティブな記憶をそのまま放置しておくと、過去を振り返るたびに落ち込むため、過去をあまり振り返らないようになります。その結果、過去を懐かしむことで心のエネルギーを補充するということができないばかりでなく、生きてきた証しともいえる自伝的記憶がぼやけてしまいます。

そこで必要なのは、ネガティブな出来事にもポジティブな意味を見いだすことです。思うようにいかなかった過去の出来事からどんな意味を引き出すことができるか。そんな姿勢で過去と向き合ってみることで、より前向きの人生にしていくことができるのではないでしょうか。

当時の出来事や人間関係、自分の置かれていた状況などを、人生経験を積んできた今の自分の視点で評価し直すことで、かつてはネガティブにしかとらえられなかった事柄もポジティブにとらえられるかもしれません。そこまで反転しない場合でも、「それほどたいした問題じゃなかったな」という感じにネガティブ度を緩和することができるものです。

人生を前向きに歩んでいる人には、ある共通点があります。それは、これまでに自分の身に降りかかった困難に対して、「今の自分にとっての糧になっている」というような意味づけをしていることです。

私が「自己物語面接」をした中の前向きに生きている人たちも、さまざまな困難に見舞われていますが、「あの報われない日々があったから、とくに精神力が鍛えられて、今の仕事の成功につながっている」「あの苦しい時期があったから、たいていのことには耐えられる」「あんなことがあったから、弱者をサポートするような仕事に就きたいと思うようになり、今の自分がある」「いろいろとつらい目に遭ったお陰で、人の気持ちがわかるやさしい人間になれた」「あのせいで人間不信気味になったものの、その分、人に頼らない強い自分になれたと思う」「あの理不尽な親の元で育ったから、理不尽な人に『あり得ない』と嘆く同僚たちと違って、だれとでもうまくやっていけるようになった」「育った家庭で家族がバラバラで不幸だったから、わが子には同じような思いをさせたくなくて、みんなで力を合わせる温かい家庭を築くことができた」などというように、ネガティブな出来事や境遇にも今の自分につながるポジティブな意味づけをしていました。

たとえ出来事や状況自体は否定的であったとしても、それに対して自分が取った態度や乗り越えた自分を肯定的に意味づけたり、そうした出来事や状況を経験することによって自分が得たもの、心の強さ、忍耐力、共感能力、人に対するやさしさ、自立心、自信などに目を向けたりすることが大切と言えます。

そのようにネガティブな出来事にもポジティブな意味づけができることが前向きな人生にしていくコツではないでしょうか。

これまでの人生を振り返れば、嫌な目に遭ったこと、つらかったこと、過酷な状況に追い込まれたこと、悔やまれることなど、ネガティブな出来事もいろいろ思い浮かぶことでしょう。そうした出来事にも、きっと今の自分につながるポジティブな意味を見つけることができるはずです。試しに、一つひとつ思い出しながら、今の自分につながるポジティブな意味を探してみましょう。

過去のネガティブな出来事にもポジティブな意味づけができるようになれば、今後の人生についても前向きな展望が開けてくるはずです。

第5章

60歳からは納得のいく人生にしていこう

人は生涯にわたって発達していく

乳幼児から児童へ、さらに児童から青少年へと向かう年代が発達の著しい時期だというのは、身体的にも精神的にもだれの目にも明らかですが、大人になると発達が緩やかになり、やがて発達は止まり、老年期に近づく60代頃から衰退や喪失の時期になっていく。それが一般的な見方なのではないでしょうか。

ところが、心理学の世界では、人は生涯にわたって発達していくという見方に変わってきています。かつては発達心理学というと、乳児が幼児を経て児童に成長していくプロセスを探究する児童心理学や、認知能力の高まりとともに内面的世界が広がり理想の自分に向けて自己形成しながら大人へと成長していくプロセスを探究する青年心理学を意味していました。

でも、今では老年期の健康状態の悪化や各種能力の衰退だけに着目するのではなく、長年にわたる人生経験に基づく心の成熟に焦点を当て、人は生涯にわたって発達していくとみなす生涯発達心理学が台頭してきています。

また、各種能力の衰退に関しても、新たな見方が出てきており、それが高齢期を生きる人たちの気持ちを鼓舞しています。

高齢期に向かう年代の人たちに向けたセミナーの中で、体力の衰えに加えて知的能力の衰退に不安を持っている人がとても多いことを実感しました。実際、50代くらいから記憶力の衰えを感じている人は多いのではないでしょうか。でも、知的能力として大切なのは、何も記憶能力だけではありません。そこで、流動性知能と結晶性知能の話をしました。

その話に勇気づけられたという人が多かったので、まずはある50代の女性の簡単なレポートを紹介したいと思います。

50代女性　島田さん(仮名)

仕事をしているが、50歳を過ぎた頃から体力の衰えを感じ、仕事にもストレスを感じるようになった。もう能力的に限界なのだろうかと気弱になることもある。でも、結晶性知能の話を聞き、経験が生きるという意味での知能もあるんだと知り、なんだか元気が出てきて、まだまだ頑張れそうな気がしてきた。定年後も、それまでの経験を生かして、仕事、あるいはボランティアでもしていけたらと思う。やってみたい習い事もあるのだが、年を取ってからだとダメかなと諦めがちだったが、定年後に時間ができたら思い切ってチャレンジしてみたいと思うようになった。

では、結晶性知能とは、どのようなものでしょうか。その話に行く前に、知能のとらえ方が変わってきつつあることに目を向けてみたいと思います。

一般に、知能の発達は青年期をピークとし、それ以降は伸びることはなく、衰退の一途をたどるとみなされてきました。ところが、成人期になってからの知的な発達も捨てたものではないことがわかってきました。もっとも、そうでなければ実社会での年配者たちの活躍を説明することができません。

たとえば、単純な暗記のような課題に関しては、30歳の時点ですでに成績が下がり始めるといったデータもありますが、文書や人の話といった言語情報の理解や語彙の理解のような課題に関しては、少なくとも測定がなされた60歳まで成績が伸び続けるといったデータもあります。

実社会で有能に働くには、計算の速さや暗記力よりも人生経験や仕事経験によって培われた知恵を働かせることが重要となります。そこにある種の知能を想定すれば、それは人生経験の積み重ねによってどこまでも豊かに向上し続けていくと考えられます。

そこで注目すべきは流動性知能と結晶性知能の区別です。

流動性知能というのは、新奇な状況に適応するのに必要となる能力、既存の知識では解決できない課題の解決に必要な能力のことで、単純な記憶力や計算力など作業のスピードや効率性が問われる課題、図形の並び方の規則性を見抜く課題などによって測定される知能のことです。

一方、結晶性知能というのは、経験から学習することで身につけられた知識や判断力のことで、言語理解や一般知識、経験的判断に関する課題によって測定される知能のことです。

さまざまな測定データによれば、流動性知能は青年期から30代にピークがあり、その後次第に衰退していきます。

それに対して、結晶性知能は教育や文化の影響を強く受け、経験を積むことで成熟していくため、成人後も衰えることなく、年齢とともに上昇していき、老年期になってからもあまり衰えが見られず、むしろ向上し続けることもあります。

先ほどの50代の女性の事例のように、結晶性知能のことを知って勇気づけられ、今後の展望に対して前向きになれたという人が多いのも、知能が暗記力や計算の速さのようなものに象徴される能力だという思い込みから解放されたからといえます。

これまでの人生を改めて振り返ってみよう

ここまでの四つの章で人生を振り返りながらさまざまなことを考えてきましたが、ここで改めてこれまでのあなたの人生を振り返ってみましょう。人生グラフを作成しながら振り返るのもよいかと思います。

参考のために、60代の男性の振り返りを見てみましょう。

60代男性　丸山さん（仮名）

子どもの頃は野球の選手になりたくて、的をつくってしょっちゅうボールを投げていました。中学まではそんな感じで楽しくやっていたけど、高校はレベルが高いところだったから、みんな成績がよくて、そこで落ちこぼれて、やる気をなくした時期があって、家で何もしないでボーッとしている時期がありました。

だから15歳の頃はグラフでも最悪。モチベーションが低くて、「学校は何をするところなのだろう、自分は何しているんだろう」って考えちゃって、自己嫌悪が強くて、一番悩んだ時期でした。

それでもなんとか大学に進んで、劇団に入ったり、テレビ局でアルバイトしたり、厳しいけどとにかく面白かった。テレビ番組の企画とかを手伝ったりもして、もともと目立ちたがりだったので、人生で一番楽しかった時期ですね。だからグラフもその頃が頂上。

就職しても、仕事が合わなくて転職を繰り返して、グラフも上昇と下降を繰り返していますね。30歳の頃、三つ目の職場で妻と知り合い、結婚しました。これは大きかったですね。これからはあまりフラフラできないなと思って、職場に馴染もうとしました。だからグラフも上昇していきます。

でも、転勤の多い仕事だったので、自分はどこに住んでも一つの職場に行くからいいけど、妻や子どもは引っ越すたびに新しい環境に慣れるのに大変な思いをさせたなあ、つらい思いをさせたなあっていう思いはあります。

それからは、子どもが不登校になったり、やんちゃしたりで、大変な時期もあって、仕事絡みでは平穏でも、グラフは下降して回復するのを何度か繰り返していますけど、今思えば、子どもたちの問題も、自分の生き方を軌道修正するきっかけになったように思います。仕事中心に行き過ぎていたのをちょっと修正して、子どもたちと接する時間を持つようにしたり。

「子どもたちも独立して、グラフは上昇していますが、べつに子どもが嫌だったわけじゃなくて、同じ頃に定年退職して、これからは自由に生きられるっていう思いが上昇につながっていると思います。
定年退職後も何かで社会につながっていたくて、「カウンセラーが向いている」と言われたこともあって、カウンセラーの勉強をしています。これまではただ突っ走ってきた感じの人生でしたが、いろいろ振り返って、自分の内面の変化をたどったりする気持ちや時間の余裕もできて、自分らしい老後の人生を送っていけそうな気がしています。

丸山さん（仮名・60代男性）の人生グラフ

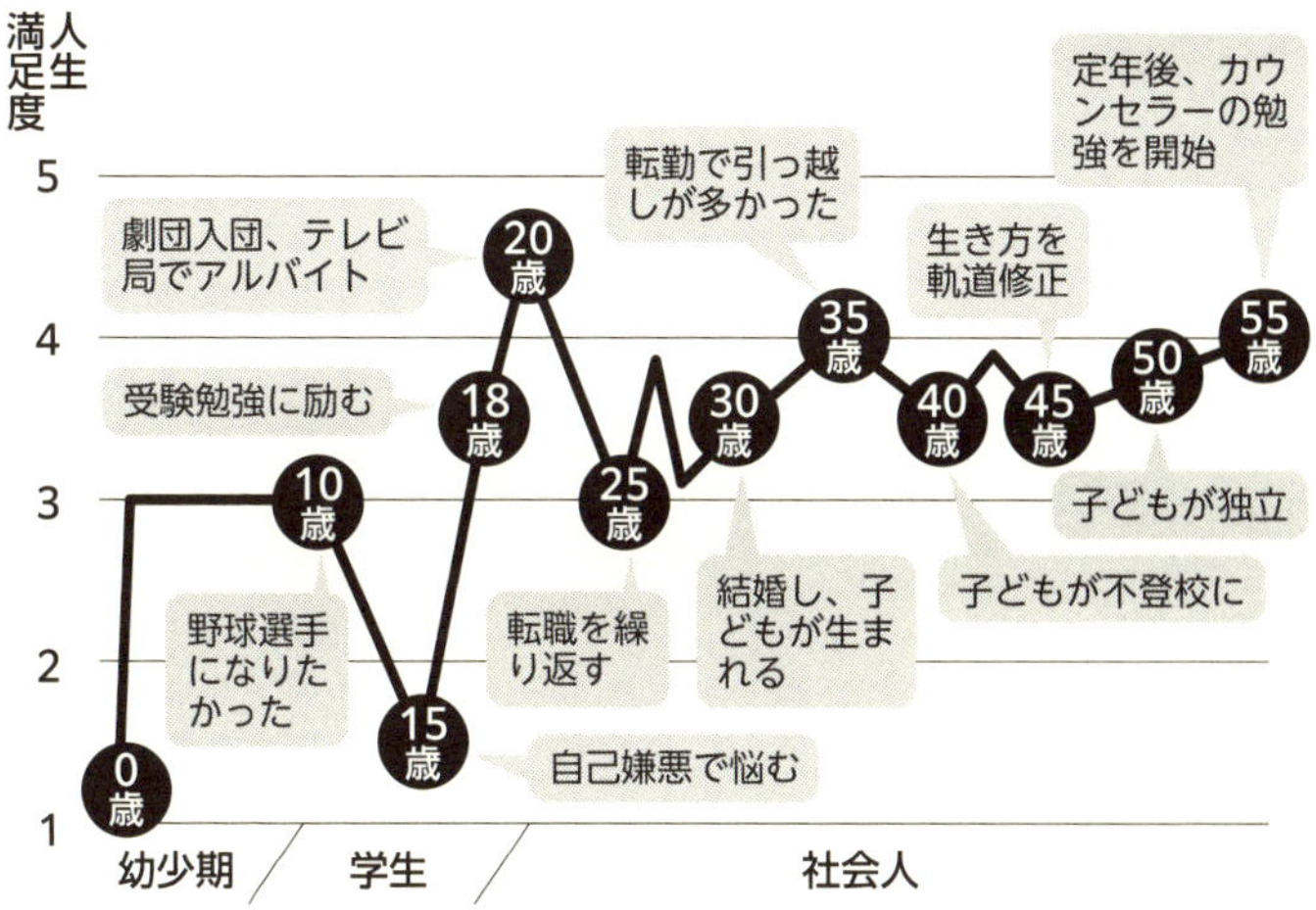

この男性は、紆余曲折の人生をたどる中で、たとえば子どもの不登校ややんちゃな行動で大変な時期もあったけど、それも仕事中心にし過ぎていた自分の生き方を軌道修正するきっかけになったというように、ネガティブな出来事にもポジティブな意味を見いだすことができ、人生を肯定的に振り返っています。そして、定年退職に関しても、やりがいや居場所の喪失といったとらえ方でなく、自由に生きられるといったとらえ方ができています。その結果、内的世界を耕す時間や心の余裕ができて、自分らしい老後の人生を送っていけそうな気がしていると言います。

年を重ねることで人生の受容が進む

人生は自伝的記憶として心に刻まれているという立場からいえるのは、豊かな人生を享受するには自伝的記憶を豊かにしていく必要があるということです。そのためには自分の過去をポジティブなものにしていかなければなりません。

ネガティブな出来事をそのままにしておくと、思い出すと嫌な気分になるため、極力思い出さないようにしようという気持ちが働き、自伝的記憶へのアクセスが頻繁に行われないため、自伝的記憶がぼやけてしまいます。

私は、人々が自分の過去をどのようにとらえているかについて、さまざまな調査を行ってきました。

過去の想起傾向、過去へのとらわれ、過去の評価という三つの観点から行った調査を青年期の人たちと中年期の人たちを対象に実施したところ、興味深いことがわかりました。

20歳前後の青年期の人たちのデータを見ると、自分の過去を想起する傾向が強くみられました。自分の過去をよく思い出すという人は7割近く、過去の出来事を想起するのが好きという人も6割を超えていました。

そして、ここが注目すべきところかと思いますが、過去にとらわれる傾向が強く見られたのです。過去を思い出しては後悔することがあるという人が7割近くになっていました。さらには、消してしまいたい過去があるという人が7割近くもいたのです。じつに三人に二人が消してしまいたい過去があるというのです。過去に戻れるものなら戻りたいという人も6割近くもいました。過去に戻ってやり直したいということなのでしょうか。

自分の過去に対する評価は概ね肯定的でした。自分の過去が好きという人が7割、自分の過去に満足しているという人も6割を超えていました。消してしまいたい過去はあるものの、全体としては満足しているということかと思われます。

40代~50代の中年期の人たちのデータでは、青年期の人たちのデータとは多くの点で明らかな差が見られました。

過去の想起傾向については、青年期の人たちのほうが自分の過去をよく思い出す傾向があり、自分の過去について誰かに話したいという思いが強く、実際によく人に話していました。

過去へのとらわれについては、青年期の人たちのほうが明らかに強いことがわかりました。具体的には、青年期の人たちのほうが過去を思い出しては後悔することが多く、「消してしまいたい過去がある」とか「書き換えてしまいたい出来事がある」という人が多くいました。

過去への評価については、中年期の人たちのほうが肯定的なものになっていました。青年期の人たちのほうが、思い出す過去は暗い内容が多く、過去を思い出すと気持ちが沈むという人が多く見られました。

こうした調査結果からわかるのは、中年期の人たちのほうが青年期の人たちよりも過去の受容ができているということです。過去の記憶こそが人生だという視点から言えば、中年期の人たちのほうが人生の受容が進んでいるということになります。

若い頃は、自分の人生観・価値観を築くべく試行錯誤する時期であり、自分の生き方をめぐって大いに揺れ動いている時期と言えます。まだ人生経験が浅いため、不安な気持ちでいっぱいの中で揺れ動いているので、過去のネガティブな出来事にもポジティブな意味を見いだすというような心の余裕がないのでしょう。

人生経験を重ねるにしたがって、ネガティブな出来事の記憶も増えるでしょうが、さまざまな経験の蓄積によって心の余裕も生まれ、自分の過去の消化も進み、過去へのとらわれから解放されていくのだと思われます。

過去へのとらわれを解き放つ

もちろん自分の過去との向き合い方は個人差が大きく、人によって人生の受容の時期や程度はさまざまに異なります。

「受験で失敗したときのことを思い出すから春が嫌い」という30代の女性がいました。春が近づくと、周りの人たちは「もうすぐ春だなあ」「今年の桜はいつ頃咲くんだろう」などとうれしそうに言うけれども、自分の桜は咲かなかったから（合格できなかったから）、毎年春が近づくとゆううつな気分になると言います。

この人の場合、15年も経っているのに、未だに受験の失敗を引きずっているのです。そこには記憶と気分の悪循環が見られます。それを断ち切るには、忌まわしい過去の記憶を多少なりともポジティブな意味合いのものに整理する必要があります。そのためのヒントとなるのは、似たようなネガティブな記憶について前向きなニュアンスで語れる人の語りです。

ある40代の男性は、似たような過去の出来事について、つぎのように語りました。

40代男性　村岡さん（仮名）

どの大学の合格者リストにも自分の受験番号がなく、浪人が決まったときは、目の前が真っ暗になったし、結局翌年も志望校に合格できず、不本意な入学となってしまいました。しかし、あの予備校時代と大学時代があったからこそ今の自分があるんです。そこで知り合った友だちと語り合った日々はかけがえのないものだし、あの予備校に通い、あの大学に入学しなければ得られなかったものです。

受験の失敗は、自分の能力の限界を思い知らされるつらい出来事ではあったけれど、自分の生き方や将来について真剣に考えるきっかけにもなりました。といってもたいしたことを考えたわけではありませんが、頑張っても思い通りにならないこともあるということ、人生の壁を知ったというか、自分は一直線に進んでいく人間じゃない、人生には紆余曲折があり、壁に突き当たったら回り道を探せばなんとか自分の道ができていく——そんなことを思いながら生きてきました。

過去の重たい挫折経験を振り返って、このように語ることのできるこの男性は、ネガティブな出来事にもポジティブな意味を与えることに見事に成功しています。

人生は思い通りにならないことだらけです。そんな中、困難にもめげずに前向きに生きている人は、このようにネガティブな出来事にも前向きの意味づけができる人だと言っていいでしょう。

過去と向き合うことが生き直すきっかけになる

自己意識と記憶を持つ私たちは、タイムマシンなどなくても、過去のあらゆる時点に出かけて行き、その当時の自分に出会うことができます。それによって、懐かしい思いが込み上げてくることもあれば、気恥ずかしい思いをしたり、悔しい思いをしたりすることもあるでしょう。「なんであんなことを言ってしまったんだろう」「あのときの決断は衝動的過ぎたな。もっと熟慮すべきだった」などと後悔することもあるかもしれません。

私たちが過去の出来事を思い出すとき、ビデオ録画の内容を再生するように過去に起こった出来事をそのままに再生しているわけではありません。「あのとき」を現在に呼び出して、今の自分が生き直しているのです。

言い換えれば、「あのとき」の出来事を、「今」の自分の視点で意味づけしながら、新たに体験しているのです。懐かしく思うのも、気恥ずかしく思うのも、悔しく思うのも、紛れもなく「今」の自分です。

過去の自分を振り返ることでもたらされる新たな自己発見は、当然のことですが、「あのとき」の自分ではなく、「今」の自分の視点によって生み出されたものと言えます。

学生時代の友だちと久しぶりに会って語り合ったことが、かつての自分を思い出させてくれ、「今」の自分の生きる姿勢を反省するきっかけになることがあります。

「あの頃は、理想に燃えているっていうと大げさだけど、こうありたい自分があったし、流されている大人たちを見て、ああいう生き方はしたくないなって思ったりしたけど、いつの間にか自分も流されちゃっているなあ」

と、組織の論理に染まり、惰性に流されている自分に気づく人もいるでしょう。それが改めて気を引き締めるきっかけになったりします。

「これではいけない」という思いが、緩みがちだった気持ちを前向きに整えてくれます。

かつて過酷な状況に置かれながらも、なんとか歯を食いしばって困難を乗り越えた頃の自分と出会うことで、

「あのときは、あんなきつい状況の中、よく頑張ったもんだなあ」

というように、根性のある自分、絶対に諦めない自分が改めて意識され、現在の困難な状況を前向きに切り開いていく勇気が湧いてくるといったこともあったりします。

このように、過去の自分を振り返ることは、「あのとき」を「今」の視点で生き直すことにつながり、それが「今」の自分の生きる姿勢を揺さぶるのです。

「今、ここ」からどこに向かっていくべきか

60歳というと、会社員であれば定年退職の年、家事・育児中心にやってきた場合も子どもたちが独立し解放される年です。もちろん寿命の延びもあり、定年が65歳に延長になったり、60歳で定年退職しても再雇用で65歳まで働いたりといった流れになってきています。

60歳以降の生き方が多様化しているといっていいでしょう。だからこそ迷うわけです。これからどうしたらいいのだろう、どうするのが自分にとっていいのだろうか、と。

再雇用によりずっと働いてきた仕事を続けるという選択をする人がいる一方で、これまでの人生とはまったく異なる第二の人生と言えるような働き方を選択する人もいます。どうするかは自分でじっくり考えながら、思い切って決断するしかありません。

ただし、家族を養うためにある程度の稼ぎがないとまずいといった制約は弱まるため、

冒険的な決断もしやすくなります。

まず、早期退職により第二の人生に踏み出した人の事例を見てみましょう。

この男性は、大企業で管理職として順調に仕事人生を歩んできたけれども、定年を前に早期退職制度を利用して故郷に戻り、未経験の仕事に就きました。

60代男性　大石さん（仮名）

２０２２年の２月に退職したので、就職活動は２０２１年にしていました。長年勤めた会社を辞めたきっかけの一つは、親の件です。親が九州に住んでいて、そこそこ高齢になってきたので、どうしようかな、というのが一番です。

あとは会社のほうで、役員候補には何回かなったけど、年齢的に取締役の芽がなくなってしまって、このままいてもね。若い人に譲ってあげたほうがいいかなと、そのポジションを含めてね。モチベーションですね、私自身の。もうこのままいても、なんか「使われる」だけだな、と。

定年まであと1年半か2年くらいで辞めていますから、そんなにびっくりするような転職ではないですね。そもそもその最大の動機が、早期退職制度が導入されたからなんです。田舎に行く＝収入が激減する。それを補てんするくらいの上乗せはあったということですね。正直言って、年収はこれまでの仕事の4分の1くらいです。

東京や大阪だったら、これまでと同じ収入で働ける会社はいくつか候補がありました。それが九州となったときに、会社がないんですよね。正直、宮崎の大きな会社で最終面接まで残ったところもあるんですけど、60歳前の人をばりばりの職場で雇わない。でも社外取締役とかそこまでの実績が、私にはない。

私の場合は、最初は転職サイトに登録して、私の経歴を見てエージェントがある程度ついてくるんですよね。何人かのエージェントが就職先を探してくれて、宮崎、鹿児島あたりで探したけれども見つからなかった。最終的に宮崎付近の就職情報を見たところ、「業態が面白そうだな」と軽い気持ちで応募したんです。そうしたら社長が目をつけてくれて、面談したいってすぐ来て、話をしてみたらその人が私がやっていた仕事を意外と理解してくれた。それで、「ああ、ここにしようかな」という気持ちになりました。

オヤジがちょっとボケ始めていて、父の認知症発症も一つの早期退職のきっかけですね。おふくろがかわいそうなので。まだオヤジは介護が必要なレベルではないし、二人でなんとか頑張ってくれているんですね。でも、近ければ何かあったらすぐに行けるし、と。

やりがいのある仕事かどうかはちょっとまだわからないですけど、でもまあ楽しくはやっていますね。正直、こういう田舎なので、よそから来る人がいないんですよね。だから最初はやっぱりよそ者扱いする人もいましたけど、今はもう地元の人に溶け込んでいます。いわゆる中途入社じゃないですか。その考え方が都会とは全く違いますね。都会の大きな会社だったら、それまでの経歴をある程度、評価して、それなりの扱いをしてくれるじゃないですか。でもここでは新人扱いでしたから。でもその辺は覚悟してきたので、びっくりはしなかったですね。

給料は大きく下がりましたが、もうお金じゃないっていうところで。お金だけだったら、もっとお金をもらえるところをねらったと思うし、結果的にどうなのかわからないけど、別にもう、楽しくやっているってことしかないですね。人間関係は面倒ですが、仕事は楽しいですね。やっぱり課題だらけなんですよ、今の職場が。それを徐々に変えていっている状況なので、やるべきことがいっぱいあるっていうことがモチベーションになっていますね。


この男性の場合は、定年近くまで十分に働いてきたから、もうこれからは収入にこだわらずに、やりがいや楽しさを重視していこうといった姿勢で新たな職場を探し、第二の人生に飛び込んでいったという事例です。人間関係やら土地柄やらで、苦労することもあるようですが、今のところはやりがいを感じ、働くことを楽しめているようです。

定年後は故郷に戻ろうと思っている人もいるでしょうが、すべての人がこの男性のようにうまくいくわけではありません。故郷も思い出の中にある昔のままの懐かしい理想郷ではないし、人も入れ替わっています。都会生活にすっかり馴染んだ者にとっては物足りなさやうっとうしさがあったりすることも珍しくありません。そのあたりのことを覚悟しておく必要があるでしょう。

思いがけない出来事も前向きに生かす

人生においては、思いがけない出来事に遭遇することがしばしばあります。思いがけない出来事により人生設計が根底からひっくり返ってしまうというのも、けっして珍しいことではありません。

つぎに示すのは、還暦を前に、プライベート面で新たな人生に踏み出した女性の事例です。思いがけない出来事の中でも、うまくいっていると思っていた配偶者から、突然別居を提案されるというのは、きわめて衝撃的なことではないでしょうか。

50代女性　田中さん（仮）

定年を迎えた夫から「別々に住まないか」と切り出されました。一人息子が就職を決め、やっと夫婦水入らずの生活ができるかなと思っていたし、夫婦関係も良好だったので、私には寝耳に水でした。

夫は田舎の両親が残した生家に一人で住んで、思う存分ギターの練習をしたいと言うのです。生家は空き家でまわりが畑なので、アンプで音を出しても大丈夫とのこと。そんなにギターが弾きたかったのかと驚きました。

それで、これまで住んだ家を売却し、夫の退職金を2等分して、財産はきっちり分けて、別々に住むことになったのです。

私は手頃なマンションを借りて、一人で住み始めました。最初はちょっと淋しいかと思ったのですが、案外そうでもなくて、ものすごく自由になれた気がしました。

なんでだろう？　若い頃は熱愛状態だったのに、いつの間にかお父さんとお母さんになっていて、子どもが独立したら、もうお互いを必要としなくなったのかもしれません。

ちょうどその頃、新型コロナが感染拡大をしていて、私はオンラインでこれまで長年習ってきた洋裁の教室を始めてみました。ママ友がたくさんいて、そのママ友たちがみんな社交的だったせいか、口コミで広がり予想外にその教室が繁盛して、やりがいのようなものが生まれました。

夫の健康状態がちょっと気になったので、どんな生活をしているのか見に行ったのですが、夫もけっこうちゃんと自炊をしていて、テイクアウトのお惣菜も野菜がとれるものを選んでいて、ほっとしました。

毎日、ギターを弾いて、アナログレコードも大きな音量でかけて、昼はジム、夜はお酒を飲みながら音楽を聴いて……と楽しく生活していて、安心しました。

友だちにはあっけらかんと「私たち卒婚したの」と報告しています。みんな「え？　いいなあ、羨ましい」と口々に言います。夫の食事づくり、とくに定年後は大変だとよく聞きます。それから解放されただけでも羨ましいのだそうです。私は夫の食事をつくり続けてもよかったのですが、別々に暮らしたいという夫の気持ちを無理やり消すのはかわいそうだなって。

その分、私は洋裁教室という新しい生きがいを見つけたし、夫とは年に2~3回会うくらいで十分だと思います。

夫に卒婚を提案されて、よかったと思います。新しい人生というのかな。思いもよらないもう一人の自分に出会えて、お金にも困っていないし、友だちもたくさんいるし、幸せです。


この女性の場合は、還暦を前に夫から夫婦別居を提案され、当初は驚いたものの、夫の気持ちを大事にしたいとの思いから別居してみたら、自分一人の生活が意外に楽しく、新たなチャレンジもできて、もう一人の自分を見つけることができ、充実した毎日を送っているようです。

つぎに、仕事面において偶然のチャンスを味方にできた事例をみていきましょう。

60代女性　宮原さん（仮名）

男女雇用機会均等法施行直前に大学を卒業した私の就職先は、とてもブラックな広告代理店でした。

しかし、セクハラとパワハラが横行するその会社を1年で辞めて、別の広告代理店でアルバイトをしながらフリーライターの真似事のようなものをスタート。バブル経済の前でしたが、雑誌が一気に増えた80年代、私のような者でも仕事がけっこう来て、原稿をたくさん書きました。

でも、やっぱり正社員になりたいと思い直し、30歳が就職の最後のチャンスと考えて、さまざまな広告代理店の中途採用試験を受けて、ある中堅の代理店の社員として働くチャンスが生まれました。

それ以降、やはり平成という「不適切」な時代だったからでしょうか、さまざまなハラスメントに遭い、いくつかの広告代理店を渡り歩きました。そんな中、人脈ができ、その人脈でヒット商品の開発に携わる機会にも恵まれ、50歳のとき、以前アルバイトをしていた会社からの要請で定年まで働くことになるある代理店の正社員になりました。

するとすぐに昇進。大型クライアントの仕事で会社の利益の10％近くを稼ぐ仕事を生み出し、その後、部長代理にもなりました。自分では、60歳を過ぎてもしっかり働いていこう、この会社で、と思っていたのですが、ある日突然、奈落の底に……。58歳のとき、新しく就任した社長から降格人事を告げられたのです。その理由は、私がある上層部の男性に社内で起きた出来事をなんでも報告していて、自分で対処できないからだと同性の上司に言われました。

「そんなに出世したいのなら、男性にどんな態度を取ったらいいか私が教えてあげる」とも言われ、この会社は旧態依然どころか、かなりまずい状況に陥っているかも？　と思い始めました。

自分では借金が増え業績が落ちていた会社をなんとか盛り立てようとさまざまな提案や意見を上層部に伝えていたのですが、それがかえってある幹部の男性に「口うるさい、わきまえない女性」と映って、仇になったようです。

夫にも相談。「そんな会社はもう辞めて、自由になって、好きな趣味に没頭してみたら？」と言われました。でも、クライアントへの責任もあるし、会社を辞めたら燃え尽き症候群になりそうだと思い、現状維持を選びました。

定年まであと1年半、その先にこの組織でどんな待遇で働くのか、クライアントへの引き継ぎはどうなるのか、上層部は示してくれませんでした。自分の60歳以降がどうなるのか、見えなくて、とても不安でした。

やっと私の60歳以降の待遇について、社長と上司の面談が設定され、二人の話を聞いて、また驚きました。提示されたのは、東京都最低時給でキャリアスタッフ、あるいは今の年収の3分の1で業務委託の2択でした。利益を上げてもこのように言われるということは、やはりもう自分はこの会社にとって必要のない存在なのだなと実感しました。

そこで、一気に方向転換をして、自分にできるのは、まずはもうすぐ還暦ではあるものの、恥ずかしさを捨てて挑む就職活動、そしてこれまで知り合った同業者で信頼のできる人に片っ端から再就職について相談することだと思いました。

そして、就活サイトへの応募がきっかけとなって、ある大手代理店面接に呼んでもらうことができたのですが、その前に知り合いが務めている小規模の会社の面接を受け、そこに再就職をすることにしました。「ハラスメントが一切ない」「チャンスの芽を摘まない」……そんな社風がいっぺんで気に入りました。それに、今さら大手の会社に入社できたとしても、また同じような軋轢に悩みそうな予感もしていました。

「65歳までは正社員として雇います。66歳になっても仕事を続けたかったら、待遇面では少し変化があるかもしれないけれど、会社が存続している限り働いてください」と社長が言ってくれて、「ああ、やっと私は安心して仕事に邁進できるんだ、そんな世界にやっと最後にたどり着けたんだ」と思えたのです。

今思うのは、60歳になったからといって、恥ずかしがらずに、やりたいと思った仕事を諦めずに探してほんとうによかったということです。私は転職をたくさんしていて、組織の現実から逃げている自分が昔は嫌いでした。こらえ性がない、ダメな自分……。でも、ハラスメントから遠ざからなければ、自分が潰れていたことでしょう。さらにさまざまな会社にいたことで知り合いがたくさんできました。今の会社に再就職ができたのも、そのおかげでもあるのです。

一生懸命仕事をしていればいつか報われるときが来る。そして還暦を過ぎても自分の役割を発揮できる場所に巡り合えれば、ずっとチャレンジしていける。人手不足が叫ばれている今、そんな時代になっていると実感していいます。

この女性の場合、職場で嫌な目に遭うことが多く、転職を重ねてきましたが、さまざまな職場での知り合いができたお陰で、そうしたつながりが生む偶然の幸運を、還暦を前にうまくつかむことができたというわけです。

ピンチこそチャンスと言われることがありますが、苦しい状況や迷い多き状況においては、思いがけない出来事を前向きに生かすことができるかどうかが問われます。

これまでの人生を前向きに整理しておくことで、思いがけない出来事に対しても前向きに対処していけるようになるはずです。

おわりに

60歳なんてまだまだ先のことと思っていたのに、いつの間にか目前に迫っている。50代になると、ある日突然、そんな自分の現実に直面し、愕然とします。今の生活がこの先ずっと続いていくものではないことに気づかされます。

なんの心の準備もないと、そこで不安に襲われ、慌てふためくことになりがちですが、ここまで読んでこられたからには、十分に心の準備ができているはずです。

この先の地図を納得のいく形で描いていくためには、これまでの自分の人生を前向きに整理しておくことが大切となります。後ろ向きの過去を抱えたままでは、後ろ向きの未来しか思い描くことができません。まずは、じっくり過去を振り返ることから始めましょう。そして、ネガティブな出来事や状況が思い浮かんだら、それがその後の自分にとって持つポジティブな意味を考えてみましょう。

人によって人生を構成する素材、つまりこれまでに経験してきた出来事や状況はさまざまです。その重みもさまざまなので、どう意味づけるかは、本人自身がじっくりと向き合いながら検討するしかありません。そのためのヒントは、この本の中にちりばめたつもりです。

ざっと読んで、なるほどと思っても、鮮明に残っているのは印象だけで、案外具体的なことはスッと頭から抜けていってしまうものです。そこで、具体的事例や自伝的記憶の発掘法を読み返しながら、自分自身の記憶の素材の掘り起こしを徹底的に試みてください。そして、人生グラフを何度でも作成し直してみてください。

これまでの人生を前向きに整理することができれば、これからの地図も前向きに思い描けるようになっていくはずです。まずはこれまでの自分の人生としっかり向き合ってみましょう。

「60歳の地図」というテーマでの執筆を投げかけてくれた草思社の編集者・五十嵐麻子さんのおかげで、自己物語の研究成果を盛り込みつつ、60歳からの人生を前向きに生きるためのヒントを示すことができました。感謝の意を表するとともに、本書が60代を生きる方々にとっての糧となることを切に願っています。

榎本博明

２０２４年11月

本書に掲載されている事例はプライバシーの保護により一部編集しています。

ブックデザイン　天野昌樹
校正　有賀喜久子
グラフ作成　南川実鈴

榎本博明　えのもと・ひろあき

心理学博士。1955 年東京都生まれ。東京大学教育心理学科卒業。東芝市場調査課勤務の後、東京都立大学大学院心理学専攻に学び、カリフォルニア大学客員研究員、大阪大学大学院助教授等を経て、MP 人間科学研究所代表。著書に『伸びる子どもは○○がすごい』『「指示通り」ができない人たち』（以上、日経 BP）、『自己肯定感という呪縛』（青春出版社）、『60 歳からめきめき元気になる人—「退職不安」を吹き飛ばす秘訣』（朝日新聞出版）など多数。

60歳《さい》の地図《ちず》
「振《ふ》り返《かえ》り」が人生《じんせい》に贈《おく》り物《もの》をもたらす

2024 年 12 月 5 日　　第 1 刷発行

著者　榎本博明《えのもとひろあき》
発行者　碇　高明
発行所　株式会社草思社
〒160-0022
東京都新宿区新宿 1-10-1
電話　営業 03（4580）7676
編集 03（4580）7680
本文組版　天野昌樹
印刷所　中央精版印刷株式会社
製本所　中央精版印刷株式会社

ISBN978-4-7942-2756-0 Printed in Japan 検印省略